巧妙操控97%人心的

暗黑心理學

把×NO變○YES!

從沒人理你到人人挺你

小羅密歐・羅德里格斯 ROMEO RODRIGUEZ, JR. 著　蘇聖翔、高詹燦 譯

97%の人を上手に操るヤバい心理術

前言

正確運用讀心術，提高存在感，拒當路人甲！

感謝您閱讀本書。

或許您是一時興起，隨意翻閱；或許，您最近正好對於這些狀況感到煩惱：

・痛苦的職場人際關係
・對方不聽自己的意見
・無法讓對方回答「ＹＥＳ」
・想法被否決，無法如預期進行
・毫無自信，戀愛也不順利

活在世上，各種人際問題帶來了各種煩惱。如果能夠瞭解人們的深層心理，猜測、操控對方的心思，讓一切盡如己意，豈非美妙至極？

若是您內心有這樣的願望，本書介紹的眾多心理技巧將對您大有助益。

然而，看到「猜測人心」、「操控人心」這幾個字，一定有人會覺得非常可疑、古怪。那麼就先來嘗試一個心理技巧，瞭解它的作用吧！

讓我們做個實驗：在五秒內操縱眼前的人。

準備好了嗎？

您在哪裡閱讀本書呢？

在書店？還是在電車上？

請站在原地，抬頭盯著天花板看。

好了嗎？

請繼續盯著天花板。

過了一會兒，您一定會發現：

有人好奇你在看什麼，也看了看天花板。接著，有更多人感到好奇，紛紛抬頭看向天花板。

從這個實驗可以看出「從眾行為」（conforming behavior），證明人類的行動會在不知不覺間被影響。許多相關研究都顯示，我們所做的「決策」（decision making）比想像中更容易受到他人誘導。

以此為例，只要適當地應用「從眾」這個心理技巧，必能使您的事業獲利。尤其是銷售方面，若能藉此技巧控制對方的購買欲，業績就能有所提升。

就算不懂這些心理技巧，又如何呢？您或許這麼想，打算去買幾本「真正的」商管書回家——管它有沒有用——繼續無謂的努力。

事實上，瞭解人心才是第一要務。多數成功的政治家、企業家都很擅長運用心理技巧，看穿對手的心思並自由操控，以達成自己的目的；頂尖的銷售人員、優秀的廣告文案當然也具備了這種技能，牢牢地掌握人心。

我將這些心理技巧稱為「讀心術」。

所謂讀心術，並非毫無根據的古怪心理測驗，也不是犯罪伎倆。

它是以實驗與理論為基礎，發展而成的「最強學問」。

如果您想學習：

- 催眠、誆騙別人的洗腦手法
- 可用於犯罪的思想控制

請立刻將本書放回架上！

因為這本書是為了協助您，在工作、戀愛、生活等層面建立良好的人際關係。藉由瞭解對方的想法，預期對方的反應，進行有效的溝通與互動。

不好意思，尚未自我介紹。

我是一名「讀心師」。

早在「讀心術」一詞廣為人知的十幾年前，我便以「日本唯一讀心師」的身分展開活動，曾經多次受邀在電視節目上表演。

二〇〇九年，我移居香港，鮮少再出現於螢光幕前。不過，這段期間我結識了許多香港富商與重要人士，並在世界大學排名前五十的香港大學開設讀心術課程，將讀心術推廣至全球。

這門讀心術課程班班爆滿，因為我上課時皆以自身的體驗為基礎。

多數讀心師僅以脫離現實的理論為基礎，對讀心術紙上談兵。我則是曾經面對黑道，從生死交關的心理戰之中，反饋到讀心術這門學問。

日本的讀心師不敢和我正面對決，因為他們非常清楚我的實力與潛力。

只要看完這本書，您肯定也能瞭解其中差異。

相較於市面上其他乍看實用、外行人卻無法立即應用的書籍，我以「速效性」為標準，為工作繁忙、時間不多的讀者，嚴選各種容易理解、運用廣泛的技巧。

換言之，這本書介紹的是任何人都能使用的高效技巧。

準備好操控人心了嗎？

請仔細閱讀到最後。

並且，請勿濫用讀心術。

小羅密歐・羅德里格斯

CONTENTS 目錄

CONTENTS 目錄

CONTENTS 目錄

CONTENTS 目錄

CONTENTS 目 錄

第一章

小人退散！

Chapter 1

用 對 心 機， 巧 妙 操 控 難 以 應 付 的 人

讓看不順眼的人閉嘴

打亂對方原本習慣的節奏

只要在職場工作，難免會遇到一些看不順眼的人。

像這種時候，針對看不順眼的人，建議你運用「指出對方無意識的習慣動作」這個心理技巧。

舉例來說，令人看不順眼的A正在會議上發言，你發現他說話時有個習慣，就是手會胡亂擺動。你可以如此建議：

「A的簡報很精彩，可是手部動作太誇張了。要是沒有那些動作，絕對會更完美。」

乍看之下沒有惡意，甚至算是善意的提醒，實際上卻是將A推落谷底的行為。

不論擺動雙手、抖腳，或是說話時穿插「那個～」「嗯～」等口頭禪，都是為了掩飾緊張感，讓我們維持自己的節奏。

無意識的習慣非常古怪。在你的建議之下，要是對方覺得：「這樣啊？那下次我要注意，說話時手盡量不要亂動。」你就成功了！當他開始留意自己這些用來掩飾緊張感的無意識動作，越是想要克制，就越是無法表現得像以前一樣好，因為原本的節奏被打亂了。

運動員之間經常利用這個心理技巧。

想像一下你在打高爾夫，之前都打得很順，狀況還不錯。

此時，如果某位職業選手對你說：「球桿這樣握會打得更好喔！」你一定會想改變握桿方式。結果，本來打得還不錯，卻突然開始失常。

打亂習慣，就會打亂一個人的節奏，提高自取滅亡的可能性。

如果公司裡有看不順眼的人，就讓他自亂陣腳吧！

POINT

想要神不知鬼不覺地除掉眼中釘？「幫他」找出壞習慣！

讓扯後腿的同事知難而退

盡量讓自己看起來很高

不論隸屬於哪個組織，難免有幾個小心眼的人會嫉妒其他同事的實力，處心積慮扯後腿。這種情況特別容易發生在同期員工之間——看到某位同事開始嶄露頭角，自己仍在原地踏步，為了掩蓋自己的無能，就會頻頻耍小動作。

當你覺得老是被扯後腿，不妨利用「讓自己更高大」的心理技巧，讓這些礙事的傢伙知難而退。

一般人遇到身材高大的對象，往往會心懷敬畏，無意識中認為體格壯碩與身材高大的人「能力很強」。

這個技巧很簡單，而且非常有效。

有一項知名的心理學實驗：將參與者分成三組，觀察同一個人，猜測他的身高。實驗開始，此觀察對象以「學生」的身分被介紹給第一組，以「醫生」的身分被介紹給第二組，以「教授」的身分被介紹給第三組。

結果，和第一組相比，第二組與第三組對於此人身高的推估，都超過了他的實際身高。

這個實驗說明，職銜對於人們有很大的影響力，某人的社會地位越高，人們就會感覺他的身高更高。反之亦然，這種潛在的心理會讓身材高大的人看起來能力也很高。

有趣的是，高大的人與矮小的人站在一起時，多數人會認為高大的人收入較高。不僅如此，澳洲曾有研究指出「每高於平均身高五公分，年收入就多十萬日圓」。

換言之，**想讓同事覺得鬥不過你時，只要使自己看起來「高人一等」就行了。**端正姿勢、挺直背脊、穿上增高鞋，盡可能讓身高變高，同事自覺矮你一截，便不會再扯你後腿。

POINT

總是被小人設計？「抬頭挺胸」比水晶有用！

對付愛搶功勞的主管

主動握手、輕輕觸碰肩膀

如果你曾經被主管搶走功勞，原因很可能是你沒有獲得主管信任，或是被他討厭。

把你的功勞攬過來，變成自己的績效，這個行為代表的是對你毫無尊重。如果你遇到了這種情況，請反省一下自己是不是也有問題。無論如何，這可不是什麼好事。讓我來教你一個簡單的解決方法。

有個實驗是利用街頭訪談進行問卷調查，分成「輕輕觸碰受訪者的肩膀請對方回答」以及「完全沒有身體接觸」兩種。假調查結束後，採訪者故意將問卷掉到地上。

比起身體未接觸的組別，被輕碰肩膀的受訪者撿起問卷的比例較高。

被觸碰身體會覺得安心，並解除警戒心。肌膚之親會喚起嬰兒時期躺在母親懷抱裡的感覺。

換句話說，身體接觸是拉近彼此距離的妙方。

若是被同事搶走功勞，或是被冷淡地對待，**你可以試著創造「肌膚之親」，例如主動握手或輕輕觸碰肩膀**。

或許你會覺得不好意思，但是光靠這個簡單的小動作，就能讓對方認為你其實是個不錯的人，有極高的機率不再對你抱持敵意。

「這樣做真的有效嗎？」

如果你仍心存懷疑，不妨回想一下：小時候是否曾和某個同學大打一架，事後卻變成無話不談的朋友？打架或許是終極的身體接觸呢！

POINT

對方背地耍些小手段？用這些「小動作」正面回應吧！

馴服個性倔強的年長下屬

把稍微困難的工作交給他

組織裡有各種成員，有些下屬比你還年長。遇到個性倔強的年長下屬，應該如何應對呢？通常都是心懷敬意，小心翼翼吧？

其實，**拜託他們做有點麻煩的工作，他們反而會更服從**。

美國曾經進行過一項實驗，要求參與者回答一些簡單的益智問題，猜對就能獲得高達五十美元的獎金。

接著，猜謎主辦者對其中三分之一的參與者說明，由於研究資金不足，希望他們能夠歸還獎金。另外三分之一的人，由別的工作人員代替主辦者要求歸還獎金。其餘三分之一的人則讓他們把獎金帶回家。

事後調查這些參與者對於猜謎遊戲主辦者的好感度，得到一項有趣的結果。

你或許會認為，將獎金帶走的組別對於主辦者的好感度最高。然而，好感度

最高的卻是「主辦者親自說明，請求歸還獎金」的組別。蒙受了損失，滿意度卻比較高，這個結果並不符合經濟學理論。

事實上，這是因為他們有比較高的「自我涉入」（self- involvement）。**自我涉入讓他們覺得有意義，提升自我價值感。**

換言之，身為主管的你與其獨力完成工作，不如將工作多多交給下屬，更能獲得好感。

如果下屬比你年長，這項原則更能發揮作用。被年輕的主管拜託時，年長的下屬覺得受到倚重，便會全力配合。

POINT 好主管守則第一條：讓下屬們覺得自己「被需要」！

和不對盤的主管建立良好關係

多多打聽他的個人背景

你曾經遇過不對盤的主管嗎？一想到每天上班都得面對他，要向他報告、和他開會，心情就不免變得低落……

其實，我們覺得某人「不知為何，就是不對盤」，多半是「心錨」（anchor）在作祟。心錨指的是大腦對於事物的條件反射，它就像固定船隻位置的錨一樣，會固定你的思考，進而影響你的判斷。

沒來由地和某人不對盤，通常與過去的經驗有關，特別是八歲以前。當我們感受到恐懼或是遭受到不合理對待時，看到的表情或聽到的負面詞語會與當下的情緒連結起來，形成心錨。

一旦不愉快的記憶形成了心錨，你將反覆經歷相同的感覺。

即使已經長大成人，只要遇到類似情況、特定表情或某些言語時，心錨都會勾起我們的回憶，進一步引發諸如害怕、厭惡等情緒。

那麼，在公司裡有不對盤的主管時，應該怎麼做呢？

很簡單！去除心錨——**試著打聽主管的個人背景，也就是家庭、個性等相關資訊**。盡量多與主管接觸，不要抗拒，不要逃避。

清除心中的偏見，才有可能改善與主管的關係，讓工作順利進行。

由於心錨所設定的心理狀態，往往會讓我們僅憑外表或說話方式來判斷對方。當你越瞭解對方，原本穩固的心錨記憶就會漸漸淡化，直至失去作用。

這是NLP（神經語言程式學，是以心理學與語言學為基礎的溝通技巧）經常使用的訓練方式，請務必一試。

POINT

一看某人就討厭？或許是你的心錨在作祟！

再難搞的主管也能輕鬆攻克

把話說進他的心坎裡

有些人善於奉承，深受主管喜愛。然而，他們是否真能獲得全面信任？顯然未必如此。說些阿諛諂媚的話，雖能大大滿足主管的虛榮心，但是日子一久，主管便會開始懷疑：「這傢伙說的話不可信……」

想要取悅主管又不失信用，有一個巧妙的方法——

在西方文化中，受到讚美時會大方接受，自然地說一聲「謝謝」。東方人則一向以謙虛為美德，聽到奉承或恭維之詞，多數人都會回答：「沒有啦～沒這回事，我完全不行。」

不過，即使表面上連聲否認，內心其實十分喜悅。

只要回想一下自己的經驗，便不難理解：當你嘴上說「沒有啦」，真的打從心底覺得「沒這回事」嗎？

同理可證，**每個主管被下屬讚美都會很開心，只是他們習慣以否認來展現謙虛的態度**。此時，記得使用「再否定」的說話技巧，讓他加倍高興。所謂「再否定」，就是再次否定對方的回應。

當同事讚美主管：「部長真是太厲害了！一下子就達成兩倍的業績！」

雖然主管會謙遜地說：「不、不，不是我厲害，這是大家通力合作的成果。」不過他的內心一定認為：「這是在我的指導下所獲得的成果。」

此時你只要立刻補上一句：

「唉呀，部長別這麼謙虛！不過，這也是您深受大家信任愛戴的原因呢！」

主管心裡肯定加倍開心。

趁著這個喜悅加倍的時間點提出企畫案，肯定會無條件通過。

想要討主管歡心，就使用「再否定」的奉承技巧，「誇」進他的心坎裡！但千萬別過度頻繁使用，以免適得其反。

POINT 浮濫的奉承，比不上精心設計的恭維。

就算做錯事也能留下好印象

誠懇道歉後，暫時遠離主管視線

美國俄亥俄州立大學有一項研究，針對「第一次見面時，對彼此留下良好印象」的男女，分別調查「盡量少見面」和「立刻多次約會」這兩種情況下，這些男女對於彼此「理想化」（idealization）的程度。

結果顯示，「盡量少見面」的男女，對彼此理想化的程度比一般情況提高了20％。另一方面，「立刻多次約會」的男女，分手的機率比一般情況高出了30％。根據這個研究得知，**讓我們留下深刻的第一印象的人，即使之後沒有接觸，對方也會逐漸在我們心中理想化**。

實際上，與其頻繁見面，不見面更能增加理想化的程度。

當主管責備你時，不妨利用這一點——

人在職場難免會犯錯，不論是工作進度延誤或案子執行失敗，如果因此被主

管責罵，請務必誠心誠意道歉，讓對方留下正面印象。即使主管罵得再兇，只要你展現了真誠的歉意，一定能在他心裡留下深刻印象。之後，**要盡量避免與主管接觸**。

如此一來，主管內心的「罪惡感」會逐漸加深，開始自我檢討：「是不是罵得太過火了？」

避不見面的時間一久，說不定最後主管反而會主動來找你示好：「最近你很認真呢！不錯！」甚至有可能邀你吃個飯，喝杯酒。

不過，有些場合實在無法刻意避開。遇到這種情況，適當地保持距離吧，只要別讓主管誤以為你無視他就好了。

POINT 遠距離戀愛也可能因為彼此「理想化」而更穩定！

讓被動的下屬變得主動積極

只要你認為他做得到，他就能做得好

美國有一項耐人尋味的教育心理實驗——

研究人員在某間小學進行了智力測驗，不過測驗其實是假的，甚至沒有計分。「智力測驗」結束後，他們隨機抽取一批學生，告知各班導師：「這份名單上的學生智力優異，未來成績會很好。」

各班導師對於名單上的學生有很高的期待，比以往更熱心地指導。結果，這些備受期待的學生，成績真的進步了。

這個現象稱為「比馬龍效應」（Pygmalion effect），又稱為「自我應驗預言」（self-fulfilling prophecy）。除了廣泛運用在教育理論中，在職業運動領域也很常見。

職場上總是會有「凡事等待指示」的下屬，**他們並非天性消極，而是缺乏自**

信，覺得自己不受期待，不敢擅自行動，所以寧可等到主管下指令後再行動。

假如你手下有這種事事等待指示的員工，不妨試著「對他們說出期待」。

但是，不著邊際的期待會適得其反，**必須找到對方的優點，針對優點說出充滿期待的話**。舉例來說：

「會讓你參與這次的企畫案，是因為我很清楚你的分析能力十分優秀，希望你藉此機會能再加強企畫能力。」

當事人聽了，會心想：「原來我的分析能力受到肯定啊……」在獲得自信的同時，也會開始思考：「只要磨練企畫能力，就能做更高階的工作！」然後積極地投入企畫案，加強自己的能力。

如此經常運用「比馬龍效應」，原本被動的下屬，就會漸漸地表現得更好，更符合你的期待。

POINT

你對下屬越有信心，他們就越有自信！

讓憤怒的同事瞬間冷靜下來

表現得比他更生氣

沒有什麼情況比面對暴怒的人更棘手了。但是，其實有個方法能輕易地讓對方息怒。

美國情報機構ＣＩＡ進行過一項研究：刻意激怒實驗對象，再透過各種方法，測試平息怒氣要花多少時間。

實驗對象有三位。第一位由研究人員拚命以言語安撫，第二位是用鏡子讓他看見自己生氣的模樣，第三位則是研究人員表現得比實驗對象更憤怒。

結果，以言語安撫的第一位實驗對象花了一段時間平息怒氣；看了鏡子的第二位實驗對象在幾分鐘內平靜下來；研究者假裝發怒的第三位實驗對象則是瞬間變得冷靜。

從這個實驗可以得知：**比生氣的人展現出更憤怒的情感，對方就會瞬間清**

醒，忘了剛才的怒氣。

這是被稱作「自我同一性」（self-identity）或「自我認同」的心理狀態，會讓人將對方的實力與成果錯認為自己的實力與成果。舉例來說，就像我們看完電影《洛基》之後，會有自己彷彿變強了的錯覺。

前述實驗則是反過來利用了「自我同一性」——見到比自己更憤怒的人時，會立刻瞭解：「我在他人眼中是這種感覺啊。」理性便瞬間恢復。讓第二位實驗對象在鏡中看到自己，也有相同效果。

一旦遇到發怒的對象，只要表現得比他情緒化即可。不過，演得不好反而會火上加油，必須小心注意。

POINT

以銅為鏡，可以正衣冠；以人為鏡，可以明得失。

讓客戶不再隨意提出無理要求

穿上合身、平整的黑色西裝

「這次交易，給我5%的折扣吧！」

「如果週末前不交貨，我方就不支付全額。」

有時候客戶會提出諸如此類的無理要求。

如果對方這樣向你開口，就表示他把你看扁了。

他顯然不把你放在眼裡，認為只要對你強硬一點，你就會乖乖照辦。

你可能會覺得：「不，沒這回事，客戶本來就是那樣。」

可是，如果交涉對象不是你，而是黑道大哥的話，客戶還會說出同樣的話嗎？**會向你提出無理的要求，就表示對方輕視你。**

那麼，該如何是好？

有個非常簡單的方法：利用「服裝與顏色的威嚴」。

請想像一下，有兩名業務員來到你面前。其中一位穿著茶色西裝，衣服皺巴巴的，鈕扣掉了一顆，鞋子也髒兮兮。另一位身穿黑色西裝，衣服平整毫無皺痕，鞋子也光亮如新。

你會比較信任誰呢？

答案一目瞭然。

身穿平整黑色西裝的人，任誰看了都會覺得他擁有實力、散發著威嚴感與自我風格。實際上，首相、社長、法官等社會地位高、精明能幹的人，幾乎都愛穿黑色。

如果你在對方眼中是具有威嚴與風格的人，他就不會提出無理的要求。因為談判交涉要是弄巧成拙，比起失去一筆生意，失去一位權威人士的損失更大。你越有能力，對方就會越看重你，而不想放手。

黑色西裝能讓你展現出幹練的形象，請務必牢記這個概念。

POINT

只要穿對顏色，談判就贏了一半！

對付喜歡嘲弄挖苦的人

以強勢的態度大聲說話

不論在哪個地方工作，免不了會有一、兩個愛挖苦別人的討厭鬼。

若是以前，打個一架或許就能讓對方閉嘴。如今這個時代，用暴力解決麻煩顯得很不理性，更何況在公司內這麼做可能會被開除。

話雖如此，放任對方大放厥詞，自己肯定會累積不少壓力。

那麼，該以何種方式處理，讓惱人的對象老實一點呢？

美國史丹佛大學進行了一項實驗，將四名男性分成兩組，各組由其中一人扮演公司雇主，另一位扮演想進公司的人，在這個設定下商議勞動條件。

有趣的是，雇主採取溫和態度的組別，薪資條件通常會按照應聘者的希望；而雇主表情嚴厲，傲慢地靠在椅背上採取高壓態度的組別，幾乎是按照雇主開出的條件。

承受高壓態度的應聘者，**由於「想要趕快逃離這裡」的心理作用，會無條件地唯命是從。**

任何人都不想接近展現高壓態度的人。

因此，如果受不了老是挖苦、嘲諷的人，就在他面前採取高壓的態度吧。

若有機會交談，說話音量比對方大也十分有效。**提高嗓門，就能獲得控制權。**

因為這會在無意識中喚醒幼年時被雙親大聲叱責時的記憶。若是對方想起被父母責罵的記憶，自然會心頭一震。

POINT

遇到喜歡碎念的傢伙，就以強硬的氣勢讓他不敢開口！

徹底斷絕煩人的推銷或請託

「直接說不」是最體貼的回應

你是否曾經為了拒絕煩人的推銷勸誘，多說了一句無謂的話，反而導致更加難以推辭？

「我現在沒錢。」「家裡現在還夠用，說不定日後會有需要，到時候再看看。」「我考慮看看。」

原本是希望拒絕時不會傷到對方的心，卻因為多說了這些話，反而讓對方有所期待。

「我現在沒錢。」會變成「現在沒錢無妨，可以考慮分期付款。」

「說不定日後會有需要……」會變成「那我找一天再來拜訪。」

「我考慮看看。」則會變成「那我提供更詳盡的資料給你！」

雙方的互動持續下去，只要你不購買商品，就不會有結束的一天。

美國直銷協會進行過一項有趣的問卷調查。從這份針對直銷從業人員的問卷結果可以看出，比起找藉口婉拒，「斷然拒絕」對他們的精神傷害比較小。

乍看之下似乎很不可思議，但是仔細想想，就能明白其中道理。

推銷與勸誘被拒絕是理所當然的，找藉口卻會讓對方有所期待。

在失望後又懷抱希望，然後再次失望，會讓人承受重大的精神打擊。

因此，**斷然拒絕才是最不會讓對方感到不愉快的方法**。

在職場上也是同樣的道理。

拒絕工作時別亂找藉口，應該斷然拒絕。

只要你直接說：「不好意思，實在沒辦法。」如此對方也會思考下一步，彼此都樂得輕鬆。

與其花心思想藉口，不如直接拒絕。

POINT

「不好意思」會造成你的困擾，並且帶給別人傷害。

不再被主管和同事們看輕
保持規律的運動習慣

在一間公司裡，總有幾個人特別容易被看輕。

這些人通常有共同的特徵：心靈脆弱。

他們一旦因故被主管與同事疏遠，就會不知所措，無法提振精神，於是一再陷入負面循環之中。

如果不想在職場上被看輕，就必須培養強大的心靈力量。

首先，你必須牢記一點：想要鍛鍊心靈，最重要的是鍛鍊身體。

所謂「健全的精神寓於健全的身體」，生理與心理的狀態會互相影響，身體越健康，心靈越強壯。

有些人藉由冥想或打坐來強化心靈，這當然不失為一種好方法，但是保持身體健康才能雙管齊下。

「血清素」是人類體內很重要的神經傳導物質，它的濃度高低和情緒好壞極度相關。

若血清素不足，精神狀態將會失衡，使人呈現暴力傾向，或罹患憂鬱症。除了氣色變差，想法也會趨於消極，最終成為一個心靈脆弱的人。

為了增加血清素含量，務必維持規律的運動習慣。

血清素穩定地分泌時，會感覺開朗舒暢、輕鬆愉快、熱情正向，專注力也會大幅提升。

最大的好處是讓人變得有自信。**只要信心充足，工作上的表現也會改善，使你判若兩人。**

「運動真的能強化心靈嗎？」

如果你心存疑問，不妨思考一下這個研究報告：日本運動不足的人口比例，與憂鬱症患者的人口比例高度一致。

POINT

覺得諸事不順？除了求神，你有更好的選擇：運動。

第二章

業績翻升！

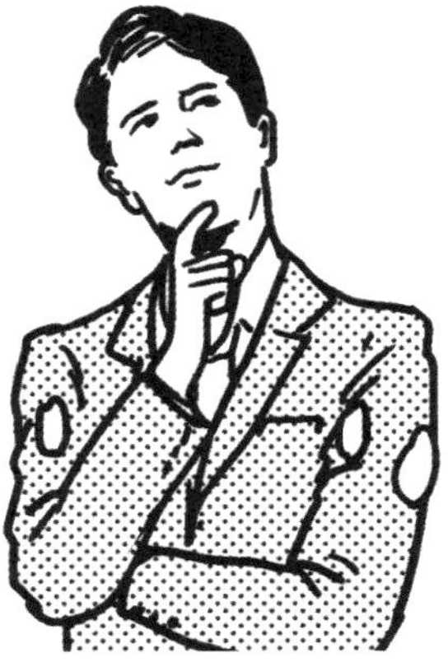

Chapter 2

讓 NO 變 YES！ 簡報、推銷、服務必備技巧

讓顧客選擇你想賣的東西

以「心理強迫」技巧灌輸暗示

現在，我們來進行一個有趣的實驗：

請你從錢包裡拿出一枚硬幣，不論五元、十元或五十元都可以。

接下來，請你用一隻手握住它。讓我來猜猜看，你用的是哪一隻手。

好了嗎？握好了嗎？用右手或左手都可以。握好了吧？

好，我要猜囉：

「不會放在右手吧？」

如何？我猜對了嗎？

不管你是用哪隻手，我的答案都沒錯。

假如你握在右手裡，一定會想：「好準，真的是右手。」倘若握在左手裡，你也會覺得：「呃，的確不是右手」。

這是讀心師和魔術師經常使用的技巧之一，這種暗示的話術稱為「心理強迫」（mental force）。

如果你是商場銷售人員，**巧妙運用這類暗示手法，就能讓客人選擇你想讓他購買的東西**。

例如有A與B兩件商品，顧客猶豫不決，遲遲無法做出決定，而你想要將B商品賣給他。此時你可以說：

「這兩件商品都很好。A的功能優異，B則是造型時尚。您的直覺告訴您要挑哪一款呢？」

說話的同時，**在一瞬間讓B商品比A商品更靠近對方**。對方被問到關於直覺、靈感這類曖昧的感受，同時不自覺地看到動了一下的B商品。

在這個狀況下，**80％**的人都會選擇B商品。

POINT 顧客猶豫不決時，是銷售目標商品的最佳時機。

在客戶心中留下強烈的印象

以「心智控制」技巧吊對方胃口

「唉呀，這不是A君嗎？今天出來跑業務嗎？真是辛苦了。」

「承蒙您的關照。是的，我正在跑業務。B君準備去哪兒……？」

在外遇到平日往來的客戶時，雙方對話大致都是如此嗎？由此可見，顧客對你的印象不深。**留下深刻印象，遠比你所想的還要重要。**

美國德門學院（Daemen College）的心理學家曾經做過一項實驗：在道別時出謎題。

其中一百人在分開時只是簡短道別；另外一百人則在道別時出謎題，但不說出答案。一星期後分別詢問實驗對象，接受出題的組別，對於一星期之前的道別場景記憶鮮明。反之，只是簡短道別的組別，其中有好幾個人甚至不記得曾經見過面。

那麼，當你外出時偶然遇見客戶，應該怎麼做呢？

既然是平日往來的客戶，肯定與你的公司互相做了些生意。如此一來，一定能找出與對方利益相關的話題。

「之前的新商品因為數量限定，賣得不錯，客戶都很高興。啊，不好意思，主管說這件事不能對外透露……」

只要你這麼一說，對方肯定會相當在意。對方會開始思考，到底是什麼商品？如果賣得很好，我們是否也該批一些進來？用「心智控制」（mind control）的技巧，說出帶有懸念的話，將看不見的胡蘿蔔垂在對方眼前，引發他的想像。日後一旦有需求，客戶必定會先想到你。

訣竅是**道別時不要把話說完，一定要結束在對方開始感興趣的瞬間**。如果沒有掌握好道別的時機，客戶緊接著說：「等等，再多聊聊這個話題。」想要在對方腦中留下深刻印象的計畫就失敗了。

POINT 在對的時間點說再見，讓他的腦海裡都是你。

讓顧客不好意思一再拒絕

以「互惠原則」技巧引發罪惡感

業務員最高興的事，莫過於廠商、客戶答應成交的那一瞬間。可是，並非每一次對方都會點頭答應。此時就要運用「互惠原則」（reciprocity），積極地誘導對方做出肯定的答覆。

首先，向對方提出相當離譜的要求。對方當然不會同意。此時，改成略為合理的要求，基本上70%的人也不會答應。

最後，提出你真正的要求。**由於對方已多次拒絕，如果再拒絕的話，內心會有罪惡感，因此通常會點頭答應。**

舉個例子，假設你原本想賣的東西是一千元。

你可以先介紹一萬元的商品。因為太貴了，對方不可能掏腰包。接著再向他推薦：「那麼，這款五千元的商品如何？」對方或許會想一下，儘管覺得抱歉，還是拒絕了。

此時立刻拿出原本想賣的一千元商品，拜託對方：「這是一千元的，買這個吧！」

如果你是顧客，會不會覺得買下它也無妨呢？

所謂互惠原則，就是「請對方幫忙，一定要回饋」的原則。以這個例子來說，顧客覺得你已經讓步兩次了，無意識中會產生「讓步＝必須回報」的想法，即使並不想買，仍然會認為一千元可以接受。

這個策略也稱為「以退為進」（door-in-the-face），越能活用這個方法的業務員，業績就越好。

要留意的是，**必須在最初的要求被拒絕後，立即繼續提出請求**。與一開始的要求時間隔得越久，效果就會變得越弱。

POINT 在談判中獲勝的人，往往看似退了一步，實則前進了兩步！

提高特定商品的成交率

以「從眾效應」技巧主導購物決定

還記得本書前言所介紹的心理技巧嗎？

當你一直盯著天花板，周遭的人會被你的視線吸引，同樣也會抬頭看看天花板。

我們在「自主意識」下做出的行為，比想像中更容易受到他人誘導。

經過許多研究證實，人類的行動會受到環境影響，這個現象稱作「從眾行為」（conforming behavior）。

運用從眾效應，不論在職場上，或是想要向客人推銷商品時，都能掌握有利的局面。

要做的事很簡單。

就是**一邊和顧客交談，一邊有意識地看著想讓顧客選購的商品**。只要這麼做，對方便會注意到那件商品。

此時必須注意一點，就是要有比較的對象。

以相機為例，左手若是拿著你想兜售的相機，右手就要拿著普通相機。**對方若是右撇子，你就用左手拿著想兜售的東西**。如果對方是左撇子，就把東西拿在右手上。

人的注意力通常會落在慣用手那一側，所以視線容易看向那一邊。

不過，當下若是沒有可供比較的選項，就無法使用這個技巧。

POINT

引導視覺焦點，讓人不知不覺被你牽著鼻子走。

讓對方想要和你繼續聊天

以「語言鏡射」技巧營造信任氛圍

所謂「鏡射」（mirror），就是「照鏡子」的意思。

鏡中的影像，一定會和你做出相同的動作。宛如照鏡子般配合對方的行為，便是鏡射這個名稱的由來。

談到鏡射，通常有兩種情形。一種是行動，另一種是語言。

關於語言的鏡射技巧，很多人都誤解了，舉個例子——

當對方說：

「我妹妹要結婚了，真開心啊～」

誤解鏡射含義的人，經常會這樣回應：

「你妹妹要結婚啦？真令人開心呢。」

這麼做純粹是鸚鵡學舌，對方聽了只會感到被愚弄，不僅不會敞開心胸，甚至不願意再信任你。

語言鏡射的訣竅在於「盡量別重複對方的話」。以剛才的例子來說，正確的鏡射應該是這樣：

「恭喜！可愛的妹妹要組新家庭了，你又多了一位親密的家人呢！」

切忌有樣學樣，而是抓住重點來描述同一件事。如此一來，聽在對方耳中，就能感受到你有認真聆聽他所說的話。

這個技巧需要多多練習，必須動腦筋謹慎挑選用詞，一旦熟練之後，就能運用得適時而自然。

使用鏡射技巧時，還有一點必須注意：你說出來的話，要能讓對方說出「嗯，是啊」的回答。你應該發現了，**想要引導出肯定的回覆，你說的話也必須積極正面。**請不要加入負面的用語。

POINT

想讓對方無話不談？當一面稱職的鏡子吧！

大幅提升顧客對服務的滿意度

以「動作鏡射」技巧深入潛意識

有些從事服務業的人很苦惱，不知道如何與顧客順利溝通。面對素未謀面的客人，就得立刻細膩招呼，深怕一個不留意就惹得對方不高興，經常緊張得不知如何是好，有時反而讓顧客更加不愉快。

如果你有這類煩惱，採取肢體動作的「鏡射」通常很有用。

然而，如同前一節所述，動作的鏡射如果不恰當也會收到反效果。

那麼，應該如何「自然地」進行呢？

建議**等待三秒再與對方的行動同步**。

常見的錯誤是，誤以為必須與對方在同一個時間點做動作。事實上，三秒後再採取行動同步技巧，才能讓對方在無意識中接受。

一至兩秒內就做相同的動作，會進入對方的顯意識，造成不自然的感受。

過了三秒後就會跳脫顯意識，對方絕不會發現你在模仿他。

三秒鐘要如何計算呢？事實上我們從小就受了各種三秒的訓練——以前幼稚園老師說：「預備～跑！」其實這三個字正好就是三秒。「一、二、三！」也是如此。

如果對方拿起筆，三秒後你也拿起筆，如此對方便會在潛意識中開始覺得：「這個人可以信任。」

習慣之後，就能隨時在無意識中做到同步了。

POINT

模仿對方的姿勢，往往能立刻獲取認同與信賴。

用一通電話讓對方接受要求

以「控制呼吸」技巧建立信賴感

俗話說：「見面三分情。」多數人都認為，比起打電話，直接見面比較好。

事實上，想與對方建立信賴關係，電話是非常有效的工具。

比起精美的詐騙DM，電話詐欺手法的被害金額較高，就是最好的證明。

這是為什麼呢？

簡單來說，就是因為「看不見對方」。

當你能看見對方的臉，就會解讀對方的表情，有時難免做出錯誤的猜測。若是透過電話溝通，單純仰賴語言，便不會妄下判斷。而且，在電話中很容易與對方達成呼吸的一致性。

所謂呼吸一致，就是配合對方的心情與行動，讓彼此步調一致。

你看過管弦樂團的指揮嗎？

指揮以大動作揮舞指揮棒，向管弦樂團團員下達指示。這麼做不僅是控制演出的節奏，其實也是在指揮團員的呼吸——指揮棒舉起，做出預備姿勢，此時樂團會一起屏住呼吸，準備演奏。當指揮棒落下時，團員會同時吐氣，各種樂音便流瀉而出。

演奏悠閒的曲調時，指揮的動作會示意演奏者可以深呼吸；若是速度快的曲子，則以激烈的動作指揮，演奏者幾乎連喘息的時間都沒有。

指揮是否稱職，在於他能否配合曲子的進行，讓全體團員的呼吸一致，這是演奏成功的重點。

至於講電話，要訣是**在對方講話時吐氣，在對方停頓的時候吸氣**。只要雙方的呼吸節奏一樣，就能讓對方對你產生信賴感。此時提出你的要求，對方通常都會接受。

POINT

配合說話速度調整呼吸，讓對話像一曲美妙樂章。

這樣做簡報不怕被打槍

以「具體化」技巧增加可信度

「這款減肥產品非常有效喔！」

「這款減肥產品在兩年前開始販售，據自家公司調查，有83％的人獲得不錯的成果。有位住在新宿的三十四歲女性，從三月開始飲用這款產品，五月二十三日測量體重時，大約減了二十七公斤！」

你覺得以上哪個說法比較可信？當然是第二段吧。

即使簡報做得再出色，如果缺少具體例子，也無法打動人。反之，即使謊話連篇，只要能舉出具體例子，對方就會相信。

美國華盛頓大學做過一項心理實驗：在陳述的內容裡加入具體例子，會不會提升可靠程度。研究結果顯示，可靠性增加了33％。

換言之，**一旦欠缺具體的細節，你的簡報就難以讓人信服。**

這是「具體化」（specification）的力量。最理解這一點，並且加以活用的就是廣告文案人員。

提到廣告文案，一般人常會誤以為只要文筆好就能勝任。但是廣告的重點並非文字優美，如何簡單明瞭地寫出具體例子才是勝負關鍵。

將這個概念應用在職場上，對於寫書面報告或開會做簡報都很有幫助。**即使是捏造的內容，只要改編一下，加入具體的細節，將它當成事實來陳述，就能說服大多數人。**無論內容多麼誇張，若能清楚描述，對方就會信以為真：「哇，真的有這種事啊……」

厲害的騙子很擅長這一招，他們能將謊言編得更深入、更詳盡。雖然濫用並非一件好事，但可見「具體化」的力量之大。

POINT

描述「何人、何時、何地、發生什麼、如何發生」，做出一份完美的簡報！

讓客人覺得不買下來不安心

以「下意識」技巧植入恐懼感

所謂「下意識（subliminal）作用」，指的是讓人在不知不覺中受到影響。播放電影時，以觀眾無法察覺的手法，在畫面中定時穿插可口可樂或爆米花的影像，觀眾就會很想吃，使得電影院販賣部的銷售額提高，這是非常有名的故事。事後證明這是誇大下意識作用的虛構行銷手法，在科學方面並未證實。

不過，這個做法對於潛意識完全沒有用處嗎？或許未必。

縱使科學上未經證實，仍有可能多少發揮效果。

日本的電視廣告，全面禁止加入下意識作用。由此可知，若是真的一點效果也沒有，就不可能禁止。

只要在交談時加入下意識作用，就能引導對方在不知不覺中往你想要的方向走。

最有效的下意識作用是什麼呢？就是「恐懼」。

許多人以為推銷商品時，只要在言談間加入「買吧」的暗示就行了，不過要是這麼做，在暗示進入對方的潛意識之前，顯意識就會拒絕了。

恐懼則是人類本能上最容易接收的訊息。

「這種噴霧的味道很好聞喔。」

「這種噴霧有好聞的香味，是以特殊的香料配方製成的，能讓蚊子不敢靠近你。如果沒有噴這個，被蚊子叮的機率會高69％喔！」

你會因為哪句話而購買呢？

通常是第二句吧，因為第二句的描述包含了恐懼的元素。英國的心理實驗也證明，**在推銷話術裡加入恐懼的要素可提高購買率**。

要注意的是，不須加入過多恐嚇的言詞，只要反覆陳述同一論點即可。如此一來，對方就會不知不覺感到恐懼而不得不買。

POINT

想要抓住客人的心，就要製造一點恐懼。

即使對商品沒興趣也絕對會買

以「重複誘導性提問」技巧強化印象

有些業務員為了成交，會變得過於急切。雖然明知不該如此，然而老是等待對方答覆，正是無法達成業績的最大主因。

此時，可以運用「重複誘導性提問」（suggestive question）這個技巧。

美國肯特州立大學（Kent State University）做過一項實驗：先讓實驗對象觀看某段影像，之後再給予「錯誤的訊息」——其實影像中的人物光著手，卻以錯誤的訊息如「戴著手套的人……」「為了隱藏指紋而戴著手套……」給予不同於事實（影像）的印象。

比起只接收一次錯誤訊息的實驗對象，重複接收三次的，有超過六倍的人被「影像中的人物戴著手套」這種錯誤的訊息影響記憶。

只要在推銷話術中活用重複誘導性提問，對方購買的機率將會非常高。譬如如果你說：

「這項化妝品一定會讓妳變漂亮。」

對方並不會當真。可是，要是你說：

「妳看，稍微擦一點，肌膚狀態跟剛才就完全不同了。」

縱使對方心裡半信半疑，仍會覺得：「是真的嗎？」

此時你再加上一句：

「妳看，這次擦在手上會比較清楚……對吧，看得出來完全不一樣吧！」

對方將信以為真。最後再加把勁：

「要不要買回去試試看，讓妳變得更漂亮？」

不斷地重複，對方就會逐漸跟著你的步調。不僅在職場，在戀愛方面也極有效果，請務必一試。

POINT

成功的業務不會操之過急，而是有耐心地巧妙施壓。

迅速解決令人頭痛的客訴

以「明白與同意」技巧平息怒氣

不論從事哪一行，客訴都是無法避免的。

近來不只「怪獸家長」，也出現了「怪獸客人」，真是令人頭疼。

想讓客人停止抱怨，或許你會覺得「要用氣勢壓倒對方」。不過，採取高壓態度讓客人閉嘴，後續想要息事寧人反而更花時間，因此我不建議這麼做。

為了避免惹惱客人，你可能會連聲道歉：「非常抱歉！」「您說的是！」然而，這麼做等於承認了自己有錯，反而會讓對方洋洋得意、氣焰高張。

那麼應該怎麼做才好呢？

此時，要引導對方說出「明白與同意」的話。

要平息對方怒氣，聆聽客訴當然非常重要，此外，**必須斟酌時機說出能讓對方表示「明白」與「同意」的話。**

「關於您所說的這個部分，我想您是這樣認為的，是嗎？」

「關於這個部分，我是這樣理解的，是嗎？」

如此就能引導對方說出「是啊」、「嗯，沒錯」等明白與同意的回覆。

這些小小的明白與同意成立後，對方就會從憤怒狀態逐漸平靜下來。這也是美國的人質談判專家一定會使用的方法，在談判技巧裡可謂基本中的基本。

縱使在尚未掌握事情全貌的情況下，這個方法也很有效，請一定要活用。

POINT

客人無理取鬧？別生氣，想像你正面臨人質危機，運用談判技巧來處理！

拓展新業務不必大費周章

以「自我重要感」技巧獲得認同

想和新客戶建立關係，一般商業書籍給予業務人員的建議通常是：「先找出這間公司裡擁有決定權的人。」

這當然沒有錯，但也並非完全正確。

在找出擁有決定權的人之前，**應該先找出擁有「結算權」，也就是掌管財務的人。**

如各位所知，掌管公司財務的人總是隱身幕後，幾乎不會出現在檯面上。不過，只要能說服這位幕後的老闆，你的意見就會比較容易通過，這在研究中也已獲得證實。

根據一項英國倫敦金融街的調查，與財務主管是否認識，對於擁有決定權的人在做決策時會造成影響。

因此，歐美企業會雇用偵探，先行調查「誰是擁有財務決定權的人」，然後假裝在公司外與他偶然結識，進行接觸。

為什麼財務主管如此重要呢？

因為有財務決定權的人，極可能是公司創業時的元老，發言的分量等同於社長；也很可能持有公司股份，對於突如其來的提案或投資會有所警戒。

不過，**如果你們彼此認識，他就會基於「這個人我認識，沒問題」的判斷而給予支持**。這種「因為是我認識的人，一定不會有問題」的心理，稱為「自我重要感」（self-importance）。

試想，如果你收到兩份提案，一份來自認識的人，另一份是不認識的對象，你會採用何者呢？

若是內容、條件差不多，對於那份認識的人的提案，你可能會說：「如果是他就沒問題。」

這就是「自我重要感」所造成的效果。

POINT

掌控公司財務的人，往往是影響決策的幕後推手。

再普通的商品也能賣到翻

以「損失趨避」技巧製造急迫感

善於推銷的人，業績總是亮眼，對公司的營業額貢獻良多。

雖然你逛遍書店，買了許多諸如「這樣做就能改善業績」的書，但是即使努力照著做，也幾乎沒有任何效果嗎？

其實，推銷並不難。

只要遵循推銷的原則進行，必定會有成果。許多頂尖業務員不過是遵循原則，以平常心跑業務罷了。差別只在於能增加多少業績。

那麼，客人會在哪種情況下願意掏錢出來呢？

很簡單，就是**認為價值大於金額，並且認定對自己有好處**的時候。

當一千元的東西只賣一百元時，即使並不是很想要，你是否會覺得：

「或許以後會用得到，還是買下來吧。」

這就是「損失趨避」（loss aversion）的心理作用。

不論做行銷或跑業務，只要向對方灌輸「商品的價值遠高於標示的價格，現在不買就是損失」的想法，就一定會大賣。

德魯・埃里克・惠特曼（Drew Eric Whitman）這位精通心理學的廣告文案專家曾說過：

「**煽動恐懼感，商品就會賣到翻**。恐懼會產生刺激及急迫感，促使人們採取行動，掏錢購買。」

事實上，針對這種效果，社會心理學家與消費者行為研究學者進行了長達五十年以上的研究，並且已經加以證實。想讓銷售成績飛躍性提升，就在談話、文案中植入恐懼元素，在感受到刺激時讓對方立即購買。人在當下會想除去恐懼感，便會立即購買你的商品。

POINT

「厭惡損失」經常讓人做出不理性的決定。善加利用，沒有賣不掉的東西。

用自然的笑容贏得顧客的心

以「正向心理學」技巧自我練習

談到在顧客面前應該保持什麼表情，大多數人都會回答「笑容」。不過，除了機上服務人員這類接待專家，我們再怎麼練習堆出笑容，仍舊會顯得很不自然。

因為這不是「笑容」，而是「假笑」。人在露出笑容時，眼角一定會出現皺紋，若是假笑就不是這樣。即使不仔細觀察，大多數人仍能在無意識中看出對方的笑是否發自內心。

為什麼假笑會露出馬腳呢？

根據美國賓夕法尼亞州立大學（Pennsylvania State University）的產業心理學家，艾莉西亞・格蘭德（Alicia Grandey）所做的調查，與機上服務人員或祕書等「笑容的專家」相比，**銷售人員或其他必須「努力微笑」的從業者更容易**

罹患心臟病、癌症、高血壓，風險高出兩倍以上。

由此可見，假笑會帶來極大的壓力。想要維持這種表情，會使身體格外難以放鬆，而對方也會察覺到這一點。

因此，**接待顧客前，請先回想一些快樂的經驗，訓練自己打從心底展露真心的笑容。**

在日常生活中，多做些有趣的事、看看搞笑節目，每天都開心地笑，就能擁有自然的笑容。

POINT

皮笑肉不笑，假裝親切友好，會導致壓力倍增、情緒沮喪。

第三章

看穿人心！

Chapter 3

觀 察 細 節， 從 表 情、 手 勢 解 讀 隱 藏 的 訊 息

手插口袋時，大拇指要露出來

從「微手勢」看出他是什麼樣的人

看過知名的美劇《謊言終結者》（Lie to Me）嗎？劇中的主角以保羅・艾克曼（Paul Ekman）博士為原型，他是研究微表情心理學的權威。

這部戲劇以「〇・二秒內出現的細微表情與動作」為題材，揭露這些表情與動作下的隱藏心理，非常值得一邊觀看一邊學習。

不過，這部戲劇其實還欠缺一個部分，就是所謂的「微手勢」（micro gesture）。

相對於臉上瞬間呈現的「微表情」、身體瞬間出現的「微動作」，特別聚焦在手部的「微手勢」更容易觀察。舉個例子：

有一對情侶面對面坐著，享用餐點。

他們邊吃東西邊聊天，突然間，兩人談到了關於劈腿的話題。

原本身體一直傾向桌面的男方，此時卻迅速地把手放在桌子底下，身體也向後挺直。

遇到對自己不利的事，為了避開話題，身體會不由自主逃開，這種動作稱為「逃避行為」（avoidance behavior）。

手部的動作也提供了非常重要的訊息。

雖然有時候是對方的無意識動作，不過下列重點可以稍加觀察。

當手插進褲子口袋裡的時候：

一、**只露出拇指，是自信的表現。**

二、**拇指伸進口袋，其他四指全都露出來時，就表示自認地位較低，缺乏自信。**建議大家最好別做出這個動作，以免影響別人對你的評價。

POINT
想要隱藏祕密，就控制你的雙手。

當他摸喉嚨，就表示有壓力

藉由「微動作」推測對方的情緒

在感受到壓力時會想讓自己冷靜下來，這是人類的天性。事實上不僅是人類，所有動物都一樣。

舉例來說，當獅子、老虎被關進動物園獸籠這種狹窄的地方，勢必會累積許多壓力，於是牠們會在籠子裡不停來回走動。回想一下，你是否曾在動物園裡看過這種景象？

藉由這種「緩和行為」（appeasement behavior），動物得以發洩壓力。人類也有「緩和行為」，以下說明最容易瞭解的幾種動作。

首先，承受了外部的壓力、尤其是**感到壓迫感時，經常會出現「摸喉嚨」的行為**。

「手貼在額頭上」則是感到羞怯，或是表示心裡有煩惱。你一定也經歷過，

遇到困難的狀況或覺得難為情時，會不自覺地將手放在額頭上。

覺得緊張時，會無意識地做出「按摩脖子」的動作。這樣做具有降低心跳頻率的效果，所以經常可見。

為了舒緩緊張感，另一種行為是「鼓起臉頰吐氣」。當工作告一段落、終於能喘口氣時，你是否也這麼做過呢？

觀察對方的動作，邊談話邊推測他的心思，就能找出你想要的答案。

POINT

當個敏銳的觀察者，就能瞭解別人的心情。

觀察聽眾的臉，調整簡報的長度與難度

根據「微表情」判斷對方是否感興趣

A：「今天的簡報很棒。這個點子可以發展下去。」

B：「這場簡報很冗長，我聽不太懂……」

這是不同的兩個人，聽了同樣內容的簡報後的感想。

明明是同一場簡報，究竟為何會產生這種差異？

A是我說的，B則出自某位學生。

或許你會認為：「因為你習慣聽簡報，當然會有這樣的意見。」事實上並非如此，原因在於講者是否看清了聽眾的「微表情」（micro expression）。

所謂的微表情，就是臉部在〇．二秒之內閃現的真實表情。

為了隱藏想法，我們在某些情況下會戴上面具。

明明覺得很無趣卻擠出假笑；實際上已經怒火中燒了，卻裝得滿不在乎。可

是，刻意做出表情得花一秒鐘，真正的表情則在最初的○．二秒便顯現出來。

保羅．艾克曼博士是知名的微表情研究專家。眾所周知，他研究了數千組臉部表情，經常為許多政府機關與企業提供諮詢。

那麼，為何簡報時的微表情很重要呢？

因為它們可以讓你**看出誰對簡報最有興趣，誰則興趣缺缺**。

當你做簡報時，如果知道底下的人有興趣，就可以專注地對他發表；反之，如果看出聽眾興趣缺缺，不妨改以更淺顯易懂的方式來進行。

其實，**善於察覺伴侶有無劈腿的女生，幾乎都善於發現表情的細微變化**。

因為母親必須藉由觀察孩子的表情，推測他們的需求。這是「母性遺傳基因」的影響，是女性與生俱來的能力，所以男性多半比較不擅長。如果你是男性，只要多多訓練也能收到效果。

POINT

想知道對方在想什麼，就把握珍貴的○．二秒。

客戶一露出這個表情就要趕快結束談話

看見「苦笑」就表示對方覺得勉強

「今天他的心情似乎不錯，一鼓作氣簽下合約吧……」

「他顯然生氣了……今天就到此結束吧……」

「怎麼辦……？該繼續嗎……？還是先告辭……？」

從事業務與談判工作的人，必須時時察言觀色。

可是每個人的臉色千差萬別，就算當事人沒有生氣，如果業務的心靈比較脆弱，可能就會以為：「對方一定是生氣了……」

因此，該如何解讀對方的臉色，就是非常重要、必須學習的技巧。

在此要特別提醒大家，**當你看到某種表情就絕對要罷手**。

對方露出什麼表情，你就應該暫時撤退呢？

或許你以為是「憤怒」的表情，並非如此。

最應該留意的表情是「苦笑」。

「苦笑」與「笑」的表情非常相似，但是有一點不同，那就是「眼睛」。人在苦笑時眼睛不會笑，這是虛偽的笑容。

苦笑是對方感到勉強時，「不想要繼續交談」這種心情的掩飾。

和顧客說話時一旦發現了這個表情，建議你趕快結束對話，暫時罷手。

POINT

想要分辨是不是苦笑，就看眼睛有沒有在笑。

想安撫怒氣，就讓對方取回控制權

利用「得寸進尺」策略假裝退讓

「你們的商品是怎麼回事！我不會再跟你們往來了！」

「跟一開始說的完全不一樣啊！把錢還來！」

任何時代、任何行業，從來沒有不抱怨的客戶。重要的是，必須理解對方為何生氣。

我們內心都有所謂的「操控感」（sense of control）。它指的是能根據行動，打造預期中的情境。

在心理學上，比較傾向「控制事物的是自己」這種想法的人，稱為「內在操控型」；反之，傾向「控制事物的是運氣等自身以外的因素」這種想法的人，則稱為「外在操控型」。

內在操控型的人，平時就有強烈的操控感，即使稍微失去這種感覺，也不會因為想要取回而憤怒。

外在操控型的人，由於日常生活中無法得到足夠的操控感，所以當自己僅剩的一點操控感被奪走時，就會出現憤怒的反應。

遇到這種狀況，建議你選用適合的談判策略，一個是「以退為進」（*詳見第52頁），另一個是「得寸進尺」（foot-in-the-door）。這兩項策略在銷售心理學中經常被提起，想必你也相當耳熟能詳。

面對外在操控型的人，很適合運用「得寸進尺」——**先從簡單的請求開始，再逐步提升請求的難度**。

此時要注意的是，對方急欲取回自己的操控感，所以**千萬不可頻頻插話，一旦對方覺得無法取回操控感，就會更加憤怒**。因此，請靜靜地聽取對方的要求。如此一來，對方會在無意識中感受到你的「協助」，不滿的情緒將慢慢平息下來。

POINT

對方越憤怒，你要越冷靜，達成真正的目的。

喝一口水，看看對方有沒有跟著做

以「動作鏡射」確認客戶對你的信任度

「明明建立了信任關係啊！到底是哪裡出了差錯呢？」

明明覺得和潛在客戶相處融洽，也請對方打高爾夫球了，也請對方喝酒了，也邀對方參加派對了，以為好不容易建立了信任關係，到了緊要關頭，對方卻說：「不好意思，這筆生意我們要交給其他公司。」

連週末都加班應酬，努力爭取認同卻落得如此錯愕的下場，實在太蠢了！然而再怎麼悔恨也來不及了。

美夢成空的原因很清楚：你自以為建立了信任關係，對方卻不這麼認為。

可是，總不能頻頻向顧客確認：「你相信我嗎？」只能獨自煩惱，不知該如何是好。

想知道自己是否贏得了信賴，「動作鏡射」是一個簡單有效的方法。

比方說和情人約會時，你們一邊在咖啡廳或酒吧裡聊天，你隨手拿起飲料喝了一口，情人也很有默契地同時拿起杯子。回想看看，是否有過這種經驗呢？

在彼此高度互信的基礎上，這種狀況很常發生。

但它不限於情人之間，只要人與人互相信任，就會常常不知不覺做出鏡射動作。理解了這一點，便能加以運用——

藉著與潛在客戶一起出席的飯局，仔細觀察。**當你拿起杯子或將食物送到嘴邊時，看看對方是否在無意識中配合你的動作，便能得知他對你的信任度。**

時間點則是三秒以內。

如果你拿起杯子喝了一口，對方在三秒內也拿起杯子往嘴邊送，這樣重複三次以上，便可以斷定對方極可能非常信任你。

POINT

頂尖業務的基本功是「觀察」，別放過每個細節！

說話時，注意對方的腳有沒有正對著你

從雙腳「看」出對方的真心話

客戶是否對你的商品有興趣，只要觀察「身體的動作」就能瞭解。這個原則，每位櫃檯接待人員應該都很熟悉吧？讓我來說明一下其中的道理。

遠古人類靠著狩獵維生，雖然和現代社會的生活模式完全不同，但是我們仍繼承了祖先的基因。這一點，從「身體的動作」就看得出來。

請試著回想：當你緊張時，手會不會變冷？

這是因為此時全身的血液都流向雙腳了。

為什麼有這種現象？

原因在於，**感到恐懼或受到威脅時，人在本能上會覺得必須趕快逃離現場**，這正是基因的影響。遠古狩獵生活危機四伏，必須時時警戒，一發現狀況不對，

腎上腺素激增，血液流向雙腳，才能隨時拔腿就跑。

利用這種天性，就能辨別客戶的真心。

談生意時，請注意對方的雙腳。

如果腳的方向直直地對著你，就表示生意有望談成；腳的方向若是向外，也就是並非對著你時，你再怎麼費盡唇舌，通常也會無疾而終。

腳的方向朝外，顯示對方下意識想趕快逃離，也是對你的商品沒有興趣的信號。

POINT

人類本能不可小覷，許多有用的心理技巧都是由此而來。

同時說出正反兩面的話，抓住對方的心

用「冷讀術」讓對方覺得你瞭解他

假算命師或占卜師不必事先調查，便可以當場說出上門委託者的過去、現在與未來，經常令人感到驚訝不已。

這是因為他們精通「冷讀術」（cold reading）這項技巧。

在商場上，不論談生意或開發客戶，事前調查非常重要。但是如果時間不夠，實在無法收集對方完整的資訊。

這時，冷讀術能發揮驚人的效果。

「冷讀術也不過就是說些模稜兩可，能套用在任何人身上的話罷了！」

許多人有這樣的誤解，但是這項技巧並非那麼淺薄。

首先來看看冷讀術之中比較簡單的類型：雙面手法。

日本有句俗話：「人九成看外表。」幾乎每個人都是從外表判斷別人。

如果眼前有個相貌可怕的男性，你絕不會對著他說：「你的臉好可怕喔……是天生的嗎？」

所謂雙面手法，就是同時說出對外表的印象，以及相反的另一面：「可能經常有人說你的相貌很可怕，但你其實是非常溫柔的人。」

先說出外觀上的印象，然後再表達相反的形象。必須注意的是，之後說出的話必須是好的那一面。

大多數人的心理都有與外表相反的一面。若是心理的那一面被說中，對方就會覺得：「哇，這個人很瞭解我。」於是就會對你產生好感。

這樣看來，應該就不難理解為什麼許多人會不斷地去找只有一面之緣的算命師了吧。

「找這個人絕對沒錯」、「他說的話都是真的」，只要讓人如此深信不疑，假算命師的目的便達成了。

POINT 多加練習雙面手法，一舉掌握對方的心！

衣著華麗的人，有強烈的自我主張

用「熱讀術」看出對方的個性

一百位顧客，有一百種性格。

因此，應對不同的客人，相同模式的銷售手法通常不管用。

前一節提到的「冷讀術」是假算命師常使用的手法，不須任何準備或事先調查，就能說中對方的事情。

與之相反的是「熱讀術」（hot reading）：以事先調查所得到的資訊為基礎，「假裝」說中對方的事情。當然對方並不知道自己被調查過，所以會覺得：「他對我知道得一清二楚。」而心生信任。

利用「熱讀術」，即使沒有詳盡分析對方的心理層面，他也會信賴你。

在相關的技巧之中，在此介紹最簡單的一種——

當你**與顧客交談時，請仔細觀察對方身上的配件**，包括服裝、髮型、手錶、首飾、鞋子、包包……

從這些物品中可以獲得許多訊息，推測出對方的生活風格與個性。

衣著樸素的人，通常過著簡單節儉的生活；**服飾華麗的人，喜歡引人注目，通常是自我主張強烈、揮霍無度的人；服裝樸素，卻堅持拿名牌包的人，可能是很講究或漫不經心的人。**

藉由服裝與配件，能在某種程度上瞭解對方的個性，此時再配合對方的個性換一套話術，便能一舉獲得信任。

POINT

想要彰顯某種印象，就穿那個類型的衣服。

即使初次見面也能立刻變得親密

攀談時要站在對方身體的「右側」

不擅長交際的人，出席派對時總是呆呆地站在角落，不與人交談，只是拿著玻璃杯，環視四周。縱使心裡明白必須和人攀談，卻找不到機會，最後派對就結束了……

你也是如此嗎？

派對是建立人脈的重要場合之一。可是，如果無法和別人展開對話，就不可能有任何進展。

以下介紹一個能夠輕鬆與人接近、熱絡交談的方法。

首先必須瞭解，之所以**無法和對方攀談，通常是因為「擔心對方是否對我有防備心」這個心理障礙**，因而陷入無法展開行動的迴圈。

換言之，只須解除對方的防備心即可。

人的心理與身體密不可分。我們會在無意識中保護心臟部位，如果有個警戒的對象站在左手邊，容易覺得有壓迫感。也就是說，**想讓和你不熟的對象敞開心房，就從右側接近他。**而且一般人的慣用手是右手，對於自己的右側比較有熟悉感。

在派對上找到想對話的人，就從他的右側接近，試著開始交談吧，對方多半會在放鬆的狀態下回應你。

不過，這項技巧對左撇子行不通，必須特別注意。

該如何分辨慣用手呢？很簡單，觀察一下對方是用哪隻手吃東西就知道了。

POINT

既來之則安之，試著跨出第一步，別總是躲在角落裡當個派對壁花。

接近人氣王，快速融入新職場

希望人緣變好，就「模仿」受歡迎的人

不論是轉換新工作或是人事異動調任，都必須重新適應完全陌生的環境。

如果你是個很怕生的人，肯定會充滿壓力。不但要費心摸索新的體制、工作模式，想要說個話也不知道該找誰。

此時，應該立刻做一件事：

趕緊觀察這個新環境，從中找出最善於交際的人。這類人的身邊，自然會聚集很多人。

只要主動向他打招呼：

「你好，請多多指教！」

他一定會很樂意協助你。而且，只要和他一起行動，很快地就會認識更多人。

除此之外，**如果你很怕生，無法和人好好溝通，那就觀察善於交際的人，研**

究他的說話方式和行為舉止，努力仿傚。

如此一來，你也會在不知不覺中變成善於交際的人。

這個技巧被稱為「模仿」（modeling），是渴求成功的人經常使用的方法。藉由模仿，能消除你心中的負面思考，並且自然而然地學會成功人士的思考方式。

想和人很快地打成一片，就徹底模仿這種人，這是最快的捷徑。

POINT

假裝你是某個人，直到你成為那個人，最後超越那個人！

暴露自己的弱點，掌握下屬的心

想要瞭解對方在想什麼就「自我揭露」

努力工作，想爬上更高的位置。然而真的晉升了管理職，卻免不了陷入人際關係的煩惱。

夾在主管與下屬之間，讓你經常備感壓力吧？

面對自己的下屬，必須善加調遣，督促他們認真工作。然而，麻煩在於無法理解下屬的心。如果自己不必主動詢問，下屬就願意坦誠相對，那就太好了。

不過，天底下沒有這麼簡單的事。

此時，建議你使用「自我揭露」（self-disclosure）的技巧。

如同字面所示，就是在別人面前展露自己。**人類在本能上非常不喜歡暴露自己，所以只要有一方先坦誠以對，另一方便會願意交心。**這項技巧利用的就是這種心理。

想要「自我揭露」，必須特別注意地點。**公事公辦的職場並不合適，比較好的選擇是餐廳、咖啡廳等等，並且建議你多聊一些自己過去的失敗經驗。**

美國曾經進行過一項實驗，內容是邀請五十位坐在機場大廳的乘客寫一段自我介紹。紙上事先印了例句，例如：

「我從事心理學的研究。」

或是，

「其實我有兩性關係的煩惱。」

結果，紙上印有「有兩性關係煩惱」這個句子的自我介紹，比其他例句得到的回答更私密。

只要一方先提起私人的話題，另一方就會受到影響，以私人的話題回應。

運用這項技巧探求對方的內心，你與下屬的溝通將更加深入。

POINT
你說出你的祕密，我就會說出自己的事情。

這樣問，對方就會說YES

運用「同意心理」達成談判目標

要做生意，免不了必須坐上談判桌。

如何才能順利交涉，堅持自己的主張，完成設定的目標呢？

首先必須找出「貫徹想法」的人。所謂貫徹想法的人，就是容易受到話語引導的人。

再來，提出一些令對方會不由得回答「嗯，是啊！」的問題，一步一步誘導他。

「我覺得這項企畫案會通過。」這句話只傳達了你的想法，對方聽了可能會提出否定的意見。

「我覺得這項企畫案比較容易通過，你覺得呢？」

聽了這句話，如果沒有強烈的反對理由，對方通常會隨口附和：「嗯，應該會通過吧。」

既然沒有什麼要否定的，那就暫且肯定吧。

這種說話方式稱為「同意心理」，是頂尖業務員經常使用的技巧。**聽者會產生一種「不想被當成笨蛋」的感覺，在你的誘導下說出肯定的答案。**

舉例來說，你走向化妝品專櫃，試用某個牌子的化妝水免費樣品。

「這款化妝水用起來很舒爽吧？」

如果你心裡沒有特別的想法，十之八九會回答：「嗯，是啊。」

換句話說，**談判時想要堅持自己的主張，就要瞄準對於這種說話方式會給予肯定回覆的人物。**

人一旦回答得如此肯定，通常很難再說出否定的答案。

POINT

與其思考如何堅持自己的主張，不如先看清對方是否會貫徹他的想法。

第四章

掌控局勢！

Chapter 4

塑 造 形 象， 建 立 全 方 位 的 職 場 人 際 關 係

態度一致，三明治主管也能受人歡迎

採取「一致性原則」發揮影響力

在一個組織裡，較容易罹患憂鬱症的是中階主管。

這也難怪，畢竟不僅得看主管的臉色，也得監督下屬的工作，總是左右為難。此時，請以「一致性原則」（principle of consistency）克服困難。

人們無法信任想法不定、意見反覆的人。反之，面對一個意見毫不動搖的人，對方極有可能認為：「他都這麼說了，應該無法說服吧……」

《十二個溫柔的日本人》這部電影，是由三谷幸喜先生改編自一九五七年上映的《十二怒漢》（12 Angry Men），故事內容是一名陪審員與其他陪審員意見不同，從頭到尾主張犯人「無罪」，之前認為「有罪」的其他陪審員，最後不再堅持己見，轉而認同犯人「無罪」。

雖然這是電影情節，但是**日常生活中持少數意見的人若持續採取一貫的態**

度，也能改變抱持反對意見的多數派。

這個現象稱為「少數影響力」（minority influence），經心理學實驗研究已獲得證實。

以前電視上曾進行過一項心理實驗，邀請五個人參加，其中一人是節目製作單位安排的臨演。讓這些人看兩根長度不同的棒子，請他們回答哪一根比較長。參加者當然都指著較長的棒子，唯獨臨演自信滿滿地指著短棒子。反覆多次後，隨著實驗的進行，參加者都被臨演影響，「也許是我錯了」，紛紛開始和臨演一樣指著短棒子。實驗結束時，所有人都回答短棒子比較長。

利用「少數影響力」，讓主管與下屬覺得你的想法始終如一，這樣一來，你的意見就會得到大家尊重。

POINT 少數改變多數！成為關鍵少數，讓多數人甘心服從。

向第三者說好話，公司女同事都挺你

利用「溫莎效應」博得好人緣

在組織內工作，若不好好建立人際關係，一旦出了什麼事，無人聲援，就等著大難臨頭。

其中尤為重要的，是讓資深女同事站在自己這一邊。這一點，凡是在職場待得夠久的人都懂——千萬別被資深女同事討厭。

一旦成了女同事之間談論八卦、流言攻擊的對象，這些話傳到主管耳裡，聽多了可能也會覺得「最好注意那個人」而藉故找碴。

話雖如此，若是主動接近資深女同事，旁人難免在背後議論紛紛：「哇，他跑去討好同事耶。」

此時，請使用「溫莎效應」這項技巧。

回想一下是否有這類經驗——學生時代，當朋友偷偷地對你說：「之前A子說她喜歡你喔。」你是否覺得心中小鹿亂撞呢？

這就是所謂的「溫莎效應」：**間接傳話，在對方心裡留下好印象。**

如果有人自稱：「我很值得信任喔。」反而會令人感覺不可信賴；如果是其他人說：「他是很有信用的人喔。」則會提高信任感。不論是戀愛、工作，總之只要跟人際關係有關，多半都能發揮效果。

若想拉攏某位資深女同事，就對其他女同事說：

「A小姐（資深女同事）很親切呢！」

「A小姐感覺很值得信賴呢。」

日文有句俗話：「人的嘴是堵不住的。」這些話將成為她們茶餘飯後的聊天內容，漸漸地必定會傳入資深女同事耳裡。這樣一來，所有女同事都會對你留下好印象。

POINT

如果想讓某人喜歡你，用另一個人來傳達最有效。

不正面回覆，讓競爭對手無法摸清你

以「無視的肯定」偽裝自己掌控一切

無論隸屬任何組織，必定會有與自己工作能力相當的人。

看著能力差不多的人立下功勞、獲得晉升或是被嘉獎時，總是覺得介意。與對手一比較，自己顯得很窩囊，「我輸給他了……」心中盡是這類負面想法。

一想到競爭對手平步青雲，內心深處終究不是滋味。

此時，請運用「無視的肯定」。

人們對於地位比自己低的對象，有時會隨口問些問題，其實根本不打算得到答案，只是想藉此推測對方的實力有多少。

因此，如果有人問你：

「方便說話嗎？我聽說這次的企畫案感覺不錯，是嗎？」

一旦你老實回答，就會被對方牽著走。

所以，應該如此回應：

「抱歉，現在不能回答你。」

這種回覆帶有「雖然知道內情，卻不能告知」的暗示，即使實際上並沒有什麼必須隱瞞的內幕。**既能偽裝成自己掌控一切，也能表現出自己口風很緊的一面，在對方的意識裡植入「這個人不會輕易洩漏祕密」的印象。**

人唯有透過溝通，才能深入理解對方；若無法順利溝通，就會開始擅自在腦中自行解讀。

看似思考對方的行動，其實是在想：「如果是我，會怎麼做？」如果對方是蛇，就會擅自把你當成蛇；若是狸貓，便會把你看成狸貓。

對方搞不清楚你的實力，就會對你產生畏懼。

POINT

兵不厭詐，這是戰爭！職場如戰場，虛虛實實，別被對手看透。

數量就是力量，藉此塑造強者的印象

努力增加「數量」，盡力提升「速度」

以色列希伯來大學（The Hebrew University of Jerusalem）一位心理學家，針對五十二名學生進行模擬面試的實驗。內容是請其他學生擔任面試官，並給予評價。

有一封推薦信的應試者，與有兩封推薦信的應試者，得到了不同的結果：有兩封推薦信的應試者在「公正」、「誠實」、「團隊合作」等各方面，都比只有一封推薦信的人得到更高的評價。

從這個實驗可以看出：數量就是力量。

單獨的個體再怎麼弱小，只要聚集了一定的數量，螞蟻也能扳倒大象。

這個法則運用在職場上，將發揮很好的效果——**想讓主管覺得你很值得期待，無論做什麼事，記得都要「以數量取勝」**。

譬如主管要求：「一星期後有一場會議，在那之前寫好一份企畫書。」你就寫兩份以上的企畫書。

若是主管要求你：「做好十張簡報資料。」你就做二十張。

當然，**有時可能會限定張數或數量，那麼你就改成「以速度取勝」**。

期限若是一星期，你就三天內提交。

倘若要求整理成十張以內，就努力濃縮成五張。

如此提升數量或速度，對方就會認定你是能幹的人，將更重要的工作託付給你。

POINT

即使條件不如人，只要數量越多，就越占優勢。

刺激自尊心，減少被拒絕的可能性

善用「自我存在感」讓人覺得被需要

職場心理研究專家神岡真司先生曾說：

「人們受到期待時會激發自尊心，難以拒絕別人的要求。只要再追加一句：『因為是你，我才……』，對方就會更容易接受請求。」

由於「自我存在感」（sense of being）的作用，當我們覺得自己被別人需要，就會湧現力量。反之，如果認為「世上沒有人需要我」，可能會失去生存意義，最終甚至選擇死亡。

若能理解這一點，就知道該如何拜託別人接下麻煩的工作——

「我對你很期待！」

「我只能靠你了。」

「如果是你來做，我絕對放心。」

針對對方擅長的領域，則可以反向操作，**對他說：「連你也沒辦法啊……」對方的自尊心一旦受到刺激，就會挺身而出。**

當然，不能忘了說些體恤對方的話。

若是缺少了「百忙之中打擾了，不好意思」或「真是抱歉，下次我會補償你」等客套話，日後只要你一接近，對方就會認為「又要把工作推給我了」，想方設法躲你，因此一定要留意。

另外，最好避免說出「這份工作能讓你成長」這種像是為對方著想的話。不僅毫無用處，甚至可能激怒人，畢竟能否成長應該由對方自行判斷。

POINT

每個人都「需要別人」，但是更渴望「被別人需要」。

適時展現強勢態度，推動無能的下屬

藉由「恐懼」建立不怒自威的形象

雖然這句話不中聽，但是每個公司都有差勁的下屬。

有些人毫無幹勁與上進心，只求每個月領得到薪水就好。上班時間不認真工作，導致進度延誤，卻堂而皇之地要求加班費。

這種下屬真是難搞，完全拿他們沒轍，最後連他們分內的工作都得協助善後。該如何管理呢？

美國史丹佛大學進行過一項實驗：

將四名二十幾歲的男性分成兩組，其中一人扮演老闆，另一人則扮演應徵者，在此設定下商議工資。

一位老闆採取溫和、穩重的態度，另一位老闆在商議時採取強勢的態度。

結果，扮演溫和老闆的這組，最後答應了面試者要求的工資條件；而表現出強勢態度的這一組，面試者幾乎對老闆唯命是從。這是因為我們面對強勢態度時，會產生「想要趕快逃離這裡」的心理作用，即使條件不合理也會遵從。

採取強勢的態度時，說話的聲調會變低，語速也會變慢。所以，**對下屬說話時，請降低聲調、放慢速度。若是眉頭緊蹙、挺起胸膛，視覺上也呈現強勢態度會更有效果。**

這就是藉由「恐懼」支配對方。

放眼全世界，獨裁者皆是利用恐懼支配人民。有些人會聯想到北韓，若從高壓統治的手段來看，中國也是一例。

不過，獨裁者的下場往往不得善終。因此，當你使用這項技巧，記得適可而止。

此外，太常使用這招對方也會習慣，請在必要時刻才使用。

POINT

高聲說話會令人感到抗拒，降低音量反而「聲」入人心。

不拍馬屁，也能得到主管的青睞

以「自我狀態問卷」分析真實個性

不出人頭地就無法獲得加薪，也無法帶領下屬。

被主管提拔是最快的捷徑，但是為了討好主管猛拍馬屁，反而會失去信用。

這種時候，要學會「讀重點」（focus reading），瞭解主管的真實性格，投其所好。

想分析主管的內心，可以運用「自我狀態問卷」（ego-gram）這個方法。

這是企業也經常用來瞭解員工心理狀態的測驗。

內容是分析五種面向，是每個人都具備、但是有所差異的特徵。簡單來說就是：「父親的角色＝嚴厲」、「母親的態度＝溫柔」、「大人的態度＝理性」、「自由的心＝自由奔放」、「好孩子的心＝協調性」。

仔細觀察平時的舉止言行，就能分析主管表面上的個性與內在的個性。例如

平常在公司很嚴厲，飲酒聚會時卻愛講冷笑話的主管，就是「表面上的個性＝父親的角色」，「內在＝自由的心」。在公司裡很照顧人、很和善，在餐廳裡卻對店員態度傲慢的主管，就是「表面上的個性＝母親的態度」，「內在＝父親的角色」。

對於和自己相似的人，我們往往會不由自主認為：「他很值得期待。」

分析主管的真實性格之後，**在他面前扮演出相同的個性，使他產生一種看到自己的錯覺**，就會漸漸地在無意識中對你的印象越來越好，而對你青眼有加。

POINT

想要走進主管的心，就讓他「在你身上看見自己」。

去除稱謂，改變和主管的互動關係

以「名字」互稱能增加親密感

在公司裡不斷地往上爬，是多數上班族的目標。

要做到這一點，必須先受到主管肯定。接近主管、奉承阿諛，並非上策，意圖太過明顯反而可能遭到同事排擠。

該如何是好呢？

不熟的人要稱呼彼此時，會在姓氏後面加上「先生」、「小姐」，一般人面對主管則會稱呼職銜以示尊敬。至於關係較親近的人，通常會用暱稱或名字互稱對方。

不同的稱呼方式，能顯示出親疏遠近。以「姓氏」相稱，讓人感覺有距離；互叫「名字」或暱稱，感覺比較親暱。

這在心理學上稱為「高度自我涉入」。

一開始可能會有點彆扭，但是一旦習慣了就會變得很自然。

也許你會擔心：「可是，突然要改變對主管的稱呼，直接叫他的名字，感覺不太禮貌，我還是做不到。」

很簡單，事先向主管誠懇說明即可：

「我覺得用姓或用職銜來稱呼您會有距離感，我可以改用名字稱呼您嗎？」

只要不是關係緊張的情況，被對方叫名字並不會感到厭惡。**習慣了用主管的名字稱呼他，不知不覺中就會增加親密感**。

反之，對於你討厭的對象，就用姓氏稱呼他。如此一來，對方會一直覺得和你有距離感，不會跨進你的私人領域。

此處雖以職場為例，事實上這個方法適合用來釐清所有人際關係。

POINT

不希望討厭的人太靠近你，就以「〇先生／小姐」稱呼他。

仿照對方的書寫風格，以電子郵件取得信任

運用「催眠書寫」製造錯覺

現代職場的溝通非常仰賴電子郵件。

寫郵件時必須考慮用字遣詞，你可能經常呆坐在電腦前苦思：「這樣寫可以嗎？」

如果有這樣的煩惱，請運用「催眠書寫」（trance writing）技巧，以電子郵件取得對方信任。

訣竅只有一個，就是**模仿對方郵件的內容**。**如果對方的郵件內容較為嚴肅，你回應的內容也必須嚴肅**。

若是收到這種信件：「先前出差時承蒙關照，真是十分感謝。在此致上深深的謝意。」

絕不能回覆：「沒有啦，我也很開心啊。有機會再見面吧～」

適當的回答應該是：「先前您出差時，或有禮數不周之處……」

也許這個技巧看似理所當然，不值一提，事實上卻有許多人做不到，總是不自覺地以自己的風格書寫。

即使是冷冰冰的電子郵件，也能從字面上感受對方是什麼樣的人。**看到與自己相似的書寫風格時，對方會在無意識中產生「這個人值得信任」的錯覺。**

「如果要寫信給主管呢？用太輕鬆的語氣來寫，主管會不會生氣？」完全不必擔心。正因為他是主管，更要徹底配合，對方不僅不會生氣，還會覺得：「這小子很有前途喔！」

最後，必須注意一個重點：別使用驚嘆號（！）。

在信件裡使用驚嘆號，是為了引起注意。即使對方經常使用，也絕不可模仿。研究指出，收件者看到信裡有驚嘆號，會覺得對方的地位比自己還高。

POINT

「鏡像」技巧非常實用，反覆練習，便能有效建立互信關係。

擔任主持人，獲取超乎工作表現的評價

藉由「公司聚會」引起老闆注意

除了工作上的表現之外，能夠受人注目的場合還包括了公司聚會。

如果工作能力和同事差不多，如何讓主管注意到你便是勝負關鍵。若是能在公司聚會時讓老闆或長官覺得：「這個人很有趣，很懂得如何炒熱氣氛呢！」很可能成為未來拔擢任命時的參考。

那麼，是否應該自願擔任籌辦者呢？

倒也未必。

不是當籌辦者的料，就一定會失敗。負面評價一旦傳入老闆與主管耳裡，將陷入極度不利的處境。

應該爭取的任務是氣氛推動者，也就是聚會活動的主持。

主持這個角色，等同於商業簡報的提案者。

高階主管看到你能勝任這項任務，一定會對你的優異表現留下深刻記憶，將來公司為了拓展新的業務需要簡報時，很有可能基於這個印象而拔擢你。

這是商業心理學，發揮領導能力的人，簡報能力也十分出色。換言之，可以在主管心裡留下**「簡報能力強＝工作能力強、具有領導能力」**的印象。

大型的公司聚會，主持工作通常會外包，此時不妨自告奮勇：「我想擔任主持人！」

假如活動順利成功，老闆和長官一定會記住你的長相、名字，以及隱約可見的領導潛力。

POINT

渴望出人頭地，就要把握各種機會主動出擊！

這個姿勢，決定你是一流或二流人士

以「下巴與胸部」展現專業形象

「第一印象非常重要！」

這是眾所周知的事實。

隨時整理服裝、髮型，保持口氣清香，注意腋下是否出汗……

不過，除了這些顯而易見的外在形象，更重要的是在別人心中留下「一流人士」的印象。

歐美的頂級飯店，上至經理下至櫃檯，一眼就能判斷來客是不是一流人士，據此調整接待方式。

日本等亞洲國家，習慣以頭銜看人，一遞上名片，對方的態度就會有所轉變。歐美則不吃這一套，重要的不是頭銜，而是從你的言行舉止分辨。

初次見面時，若能給予對方你是一流人士的印象，生意幾乎都做得成。

那麼，如何營造一流形象呢？

方法多得不勝枚舉，以下介紹一個能夠立刻見效的技巧：

調整「姿勢」。

很少人有意識地時時保持正確的姿勢。

一聽到這兩個字，或許你會立刻挺直腰桿。然而不只如此，還得抬頭挺胸。

擔心抬頭挺胸的姿勢會讓對方有壓迫感嗎？事實上，之所以有壓迫感，是因為挺胸而抬起的下巴。只要記得縮下巴就沒問題了。

試試看，這個姿勢是否讓你變得很有自信呢？

初次見面時只要保持這個姿勢，對方就會覺得：「這個人很有能力！」

POINT

三流的人抱怨先天條件，一流的人改變自身條件。

配戴方形眼鏡，增添知性氣質與權威感

善用配件，營造第一印象

努力工作，順從主管，終於得到信任。

「差不多也該幫你升職了。」

「好耶！我的努力總算有回報了。終於能往上爬了！」

才剛這麼想，主管突然調任了，取而代之的是據說難以取悅的新主管。

結果又得從頭開始……這種情況的確很令人洩氣。

不過，與其自怨自憐，不如立刻振作，和新主管建立良好的關係。

此時，第一印象非常重要。

該怎麼做才好？

一點也不難，**只要戴上眼鏡即可。最好是能展現知性氣息的設計，四方形的眼鏡。**

以往提到眼鏡，總覺得是書呆子或個性過分認真的人才會戴，如今卻成為打造形象的重要配件。不僅鏡框的款式多元，甚至能依照服裝來配色，儼然是一種時尚道具，是不分老少都能採用的流行元素。

即使你的視力良好，也應該戴上眼鏡去見新主管。

無論對方從前任主管那裡聽到什麼樣的評價，只要戴上四方形眼鏡，你就立刻能呈現出知性氣質。

假設他聽到的評價不算太好，可能會忖度：

「嗯，看起來不像是工作能力差的人……」

如果聽到的評價不錯，則會認為：

「果然是個能幹的人……」

無論如何，都會有好印象。**不過，這只是第一印象，別忘了往後要努力表現，以真正的實力決勝負。**

POINT

一眼定生死，第一印象難以扭轉，初次見面必須特別用心。

要爭取考績獎金，就把最簡單的小事做好

以「低飛球技巧」提升工作評價

「該如何爭取考績獎金呢？」

一到了人事考核的時期，許多人都不禁思考這個問題。

「完全不認同公司的人事考核結果！」「明明這麼賣力工作，為什麼沒有正面評價？」有些人心存疑問，甚至憤憤不平。

也有人認真思考：「想得到公司的正面評價。」「想要得到考績獎金。」

想要輕鬆得到好評，請掌握兩個原則：

一、**確認公司的評價方式，並依此行動。**

二、**對於評價制度有不明白之處就向主管發問，並依此行動。**

簡單得出乎意料之外吧？

事實上，大多數人都不願意做這麼簡單無趣的事。

日本人常說：「連小事都做不好的人，難當大任。」反之，我們會認為能確實接住低飛球的人，高飛球也一定接得到。「確實地累積低階的行動，就能完成高階的行動」，讓人有此錯覺，稱為「低飛球技巧」（low ball technique）。

只要持之以恆地完成人事考核標準中的低階行動，公司便會提高評價：「這個人做事很踏實，未來一定很有前途。」

或許你覺得把簡單的小事做好是理所當然的，卻有很多人做不到，所以若能確實做好，評價自然就好。

POINT

別人不想做的小事，正是你展現細心與耐心的大事。

想要取得信任，就擦亮腳上的皮鞋

利用「服從權威」心理獲得認可

多數人都有服從權威的傾向。

一見到具有權威的專業人士，不由得感到肅然起敬。

美國耶魯大學社會心理學家史丹利．米爾格倫（Stanley Milgram），進行過一項知名的權力服從研究，稱為「米爾格倫實驗」（Milgram experiment）：由研究者出題，實驗對象一答錯就會被電擊；每答錯一次，電流就會增加二十五伏特。換句話說，每當實驗對象答錯，就會承受更強大的電流。

不過，實際上電流完全沒有增加，從頭到尾都是相同的數值。可是，答錯了五題，以為自己被一百二十五伏特電擊的實驗對象，卻如同被拷問般發出慘叫。

從實驗結果可以發現，我們對於**實際上即使再微小的事物，一旦心裡認定，也會產生「它很強大」的錯覺**。

關於「權威」也是同樣的道理。

法官與警察穿著制服，身分職業一看便知，但若是脫下制服，就感受不到任何權威性。

正是因為身穿制服，才展現出權威。活用這一點，便能輕鬆取得他人信任。

最簡單的方法是**穿上帥氣合身的西裝，以及擦得晶亮的皮鞋，無論你是什麼職業，都能讓人另眼相看**。對方一旦感受到你散發的權威感，將無條件信任你。

POINT

穿對衣服，小職員也能展現出大主管的專業度。

訓練目光，散發令眾人折服的氣勢

以「眼神的力量」展現氣質

想像一下，在你常去的某間健身房裡，不知何時出現了一位受到每個會員信賴的人。經常有人找他討論健身技巧，邀他一起吃飯，自然而然成為領袖般的人物。

他並不是特別多話、善於交際的人，為何會有如此待遇呢？

或許你會猜想：

「可能是因為他身上有某種特殊的氣質吧！」

再回想一下，你是否曾經走在路上，無意間留意到某個人的氣質與眾不同？

沒錯，某些人即使不開口，也能從「氣質」感受到他的厲害之處。

其實這種氣質，可藉由心理技巧培養出來。

做法非常簡單：**將自己的力量向外發出**。

不論哪一種格鬥競技，最能讓對手感到壓力的是什麼力量呢？

就是「眼力」。

感到壓力與感受氣質的感覺相同，換句話說，**想要散發出與眾不同的氣質，目光必須銳利。**

不過，千萬別誤解，目光銳利並不是像流氓那樣瞪人。要用力的地方並非眉頭，而是眼球。

如此一來，對方將從你身上感受到一股力量。長久下來，必定會有人說：「你身上散發出驚人的氣勢呢。」

如此一來，絕對不會有人敢小看你了。

POINT

眼睛是靈魂之窗，氣場強大的人都有銳利的目光。

模仿對方的說話方式，掌握主導權

讓對方覺得「你什麼都知道」

不論在職場上或是日常生活中，一定會遇到必須掌握主導權的情況。

這種時候，**無論你是什麼身分，只要配合對方的聲調與口氣，用同樣的方式說話，就能掌握當下的主導權**。

其中的道理是什麼呢？

這是因為我們遇到說話方式和自己相像的人會有共鳴，同時會產生一種錯覺，以為對方非常瞭解自己。

也就是覺得「我在想什麼，他都知道」，而在無意識間心懷畏懼。

美國知名電視主持人賴瑞金（Larry King）經常藉由這個方法掌控場面。

賴瑞金遇到比自己地位高的人，一定會調整成與對方相同的說話方式。**對方在不知不覺中受到他的支配，就會卸下心防說出內心話。**

不過，賴瑞金對於比自己地位低的人物，絕不會刻意配合，而是平時那種「天不怕地不怕」的態度，藉此讓對方心懷畏懼，不得不說真話。

試試看，模仿對方的說話方式吧。

此外，說話時的語調、音量的大小也要留意。

你將會發現，自己在不知不覺中掌控了當下的氣氛。

POINT

讓對方覺得「被看穿了」，局面就會在你的掌控之中。

第五章

終結孤單！

Chapter 5

製　造　機　會，　讓　對　方　不　知　不　覺　愛　上　你

請對方喝咖啡，告白不怕被打槍

以「一再重複」解除對方的戒心

許多人對自己缺乏信心。

即使在學業和工作等方面顯得很有自信，一提到戀愛卻立刻變得畏縮。

為了這樣的人，以下將介紹「找到完美另一半的第一步」：告白技巧。

首先大家要知道一點：**當別人喜歡你的時候，你也會不自覺對他有好感**。這在心理學中稱為「好感互惠」（reciprocity liking）。

此時如果你勇敢告白，或許只會得到曖昧的回答。

要是你因此放棄，可能就此結束了。

即使看似被拒絕，接下來繼續採取行動也能改變最終結果。

比方說，現在有個異性向你告白。

你會相信嗎？當下會覺得吃驚，不禁感到懷疑吧？

對方在捉弄我嗎？還是隨口說說而已？……女性比男性更容易有這種感覺。第一次被告白只覺得驚訝；第二次可以理解內容；第三次總算能冷靜地接受。這正是為什麼談戀愛需要「厚臉皮」。

一再重複，才能確立好感的可靠度。

告白的時機也很重要。建議你約對方出來喝杯咖啡，閒話家常，四十分鐘後毫不遲疑地告白。

因為研究指出，人在攝取了咖啡因之後比較容易被說服。**請對方喝杯咖啡或綠茶等含有咖啡因的飲料，再向他告白，較能提高成功率。**不過，咖啡因濃度在體內需要一段時間才會達到高峰，約四十分鐘。

另外，告白時必須有「個人空間」（personal space）的意識。每個人的身體周圍都有一個無形的領域，是親密的人才能進入的空間。選擇在酒吧的吧檯並肩而坐，兩人的距離比較接近，趁機告白會更強烈地打動對方的心。

POINT 吸引力會產生吸引力，你喜歡對方，對方通常也會喜歡你。

重要的不是文筆，是容易回信的內容

「雞尾酒會效應」與選擇性注意力

在電子郵件裡適時加入對方的名字或暱稱，就能變得親密。

對於常叫我們的名字或暱稱的人，我們很容易產生好感。因為，人們覺得聽起來最舒服的就是自己的名字。

最能引起注意的，也是自己的名字。這種選擇性注意力，在心理學上稱為「雞尾酒會效應」（cocktail party effect）。

在擁擠的車站、嘈雜的街頭等場所，混雜了車聲、喇叭聲、機器運轉聲、叫賣聲、談話聲……多不勝數。可是在這一片鬧哄哄之中，如果有人呼喚你的名字，這聲叫喚會比其他聲音更鮮明清晰。即使它的分貝比周遭的雜音還低，也能吸引你的注意力。可見人們對於自己的名字十分敏感。

但是在電子郵件中太常提到對方的名字也不好，感覺不太自然。同一封信裡，提及一次恰恰好。

假如對方在信裡用名字和暱稱叫你，就表示「有希望」，可以判斷你們距離交往只差一步了。

另外，**你所寫的內容必須讓對方容易回覆**。郵件裡只寫自己的事，或是內容貧乏、讓人不知怎麼回答，會使收件者不想回覆。最好是寫寫自己的事，再不經意地提出幾個問題。

「我喜歡歐洲電影，你喜歡哪種電影呢？」

「今天變得好冷。你開始用電暖器了嗎？」

不用太著重於構思郵件內容，而是寫出能讓對方迅速回覆的信件。最好避免「請務必回覆」這類強迫句型。因為對方無法回信時，會有罪惡感，和你通信變得不愉快，有一種被束縛的感覺，心裡會很想逃離。

這些重點，也能應用於簡訊或其他通訊軟體上。

POINT 想讓某人對你產生好感，就經常叫他的名字或綽號！

找個理由，讓對方主動給你電話號碼

以「YES誘導法」鋪陳後續發展

個性比較怯懦的人，聯誼時就算有心儀的對象，也不敢主動交換電話號碼，喪失了進一步發展的可能。

如果有這種困擾，請使用「YES誘導法」。

首先，千萬別唐突地詢問聯絡方式，這樣會引起對方的戒心。特別是從女生的觀點來看，初次見面、不知人品如何的異性有點可怕。應該等到交談氛圍變得融洽，彼此稍微瞭解後，再詢問聯絡方式。

詢問聯絡方式時，最重要的訣竅是「找個理由」。

為了不讓人覺得猴急，請提出一個容易接受的理由，以自然的態度交換聯絡方式。這個做法最大的優點是有助於日後的發展。

雙方聊得還不錯時，你可以說：

「下次約朋友一起喝一杯吧！」

「嗯，好啊。」

「那我們交換一下聯絡方式，我再跟你聯絡。」

你發現「YES誘導法」的玄機了嗎？

一旦說出YES，對於接下來的提議會變得非常難以拒絕，這是很普遍的心理。因此，倘若彼此聊得還算盡興，有信任基礎，**只要在對話中引導對方說出「YES」，後續的提議就不會被當場拒絕。**

以這個方法交換聯絡方式，百分之百能順利成功。

POINT

今天用心找出的理由，將是日後更進一步的契機。

不要隨傳隨到，別讓對方予取予求

以「稀少性原理」提高自身價值

所謂「稀少性原理」（scarcity principle），就是「覺得越難入手的東西，越有價值」的心理。

例如「一天限定三十個」或「三日限定大拍賣」，一看到「限定」這個詞，會覺得現在不買就是一種損失。

多數購物網站會倒數計時「距離拍賣結束剩下〇小時」，或是顯示「限定前〇名」等。

巧妙地利用「稀少性原理」，藉由限制數量或資格，提高商品價值，能激起消費者的購買欲。

運用在談戀愛上，有兩個重點：

一、限定見面的日子與聯絡的時間。

「隨時都能見面」或「只要你說一聲，我馬上就到」都是不行的，很有可能被視為「可以當成備胎的人」。要限制雙方見面的日子，例如「這個月很忙，只有十五號那天有空」，也就是擺明了「你只有那天才能見到我！」這麼做會讓對方特別開心，認為：「他在百忙之中還為我抽空。」

不要每天通電話或訊息，最好限定：「只有週末晚上才有空。」

二、向對方暗示「有其他人想接近我」。

「之前有人約我。」「最近他很常傳訊息來。」暗示對方有其他異性接近你。若比喻成商品，就等於「只剩下一點！要買要快！」或「抱歉賣完了！」，就算之前對方不太在意你，也會覺得「再不做些什麼，就要被別人搶走了！」而暗自焦急。如果他對你有一些好感，應該會開始採取行動。

由於目的是促使心儀的人展開行動，所以暗示對方時不應洋洋得意，要用有一點遺憾的語氣說：「明明有其他人喜歡我，我喜歡的人卻遲遲沒有表示……」

POINT 情場有時如市場，掌控供需，滯銷品也能變身熱門商品！

越危險的地方，就是越容易心動的地方

利用「吊橋效應」製造戀愛的感覺

提到約會的行程，一定會想到看電影。

難得的機會，只是單純待在電影院裡就太可惜了。好好利用這個場所，將能左右接下來的發展。

因為漆黑的環境，能讓人無視「個人空間」，拉近彼此的距離，對於想要更進一步的雙方而言可說是最棒的刺激。而且共同欣賞一部電影，也會讓兩人的呼吸頻率一致。

此時，推薦各位**選擇刺激的動作片或恐怖片**，促使「吊橋效應」（suspension bridge effect）發生。

一九七四年，加拿大心理學家唐納德・達頓（Donald Dutton）及亞瑟・艾倫（Arthur Aron）在卡皮蘭諾吊橋（Capilano Canyon Suspension Bridge）

進行了一項關於生理與認知學說的實驗。實驗召集了十八至三十五歲的單身男性，分別通過架在溪谷上的搖晃吊橋與穩固橋樑。走至橋中央時，年輕女性上前向他們攀談，要求做問卷。做完問卷後，女性會留下電話號碼，並且對男性說：「如果想要知道問卷調查結果，可以打電話給我。」結果，走過吊橋的男性幾乎都打了電話，走在穩固橋樑的男性僅有一成對問卷結果感到好奇。

這個實驗說明：**人在生理上感到興奮時，會有戀愛的感覺**。因此，它也被稱為「愛情的吊橋理論」。

共同體驗了緊張感，便有可能發展戀情。

想在電影院達到這個效果，就挑選令人捏一把冷汗的動作片或是讓人心跳加速的恐怖片。在適當的時機，不著痕跡地牽對方的手。

走出電影院之後，兩人的關係肯定會迅速升溫。

POINT

我們並非因為相愛而感到悸動，而是因為怦然心動而陷入愛河。

聯誼必學！和心儀的對象更進一步

慢慢誘導，牢牢抓住對方的心

聯誼活動是一個適合邂逅對象的場合。

但是，許多人儘管參加了各式聯誼，仍然不得要領。

想在聯誼時擄獲心儀對象的心一點也不難，只要確實遵守以下原則，必定會成功：

一、**立刻走到心儀對象的身邊**。

不是突然接近，而是抓準對方嫣然一笑的瞬間或談話熱絡的時機靠近，直到伸手就能觸碰對方的距離。

二、**利用「好感互惠」**。

先展現善意，對方也會以善意回應。在聯誼時如果覺得某個人不錯，就直接對他表現出好感：「你給人的第一印象很好。」

如此一來，他通常也會對你產生好感，忍不住覺得：「喔，這個人不錯。」

三、用「其實」打開話匣子。

「內心話」能促進雙方的親密感。說話時以「其實」開頭，會讓對方有一種共享祕密的感覺。

例如向對方說：「其實，我參加過很多聯誼，但總是不了了之。不過今天一走進會場，想到能遇見心儀的對象，仍然心跳加速。」

四、擴大描述個人興趣。

如果你的興趣是釣魚，不妨這麼說：「我的興趣是釣魚。將親手釣到的魚帶回家，好好地料理，搭配葡萄酒一起享用，真是一大樂事。」不只「釣魚」，範圍還擴及「料理」、「葡萄酒」，增加對方覺得「啊！跟我一樣」的機率。

POINT
牢記聯誼須知，不必費力，就能展現魅力。

讓今日的聯誼，成為明日的約會

用「引導式問題」邀約對方

所謂「引導式問題」（leading question），就是邊提問邊誘導對方。其中的「前提提示」技巧，是有效消除對方異議的方法。

「明天你想吃義大利料理，還是中華料理？」

如果有人這樣問，你會怎麼回答？

只要你不是性格怪異的人，應該會選擇其中之一。

換句話說，**被提問時，你的選擇只有兩種**。用餐的選擇當然包羅萬象，有印度料理，也有法國料理。可是在對方提出問題的瞬間，你只會煩惱應該要選擇何者才好。

想把聯誼變成約會，請活用這個技巧。

有機會與心儀對象交談時，應該趁機這麼問：

「之前我發現很棒的義大利料理和墨西哥料理餐廳，你喜歡哪一種？」

「唔～嗯，義大利料理吧……」

「那下次一起去吃吧！對了，等一下大家說要去唱卡拉ＯＫ，你會去嗎？還是我們兩個一起脫隊？」

若是兩人已建立了信任感，沒有意外的話，極有可能創造獨處的機會。

即使對方選擇去唱卡拉ＯＫ，由於先前回答了喜歡義大利料理，藉此詢問聯絡方式時對方也不會拒絕。

無論選擇何者，都能製造兩人獨處的機會。

POINT

選擇越多，越茫然。並非對方不願意回應，而是你給的選項太複雜。

使用通訊軟體，必須配合對方的節奏

「已讀慢回」讓對方掛念

提到通訊軟體的使用技巧，大家總是比較注重內容，往往忽略其他要素。重點是事先詢問對方，什麼時候傳訊息比較不會打擾到對方，避免讓對方感到不悅。

此外，**要注意回覆訊息的時機**。最好配合對方的節奏，如果對方在三十分鐘後回覆，你就三十分鐘後再回覆；如果對方在兩到三個小時後回覆，你也等待兩到三個小時。回覆得太快會嚇到對方，覺得你是個性急躁或是無所事事的人，會被當成不必認真對待的傢伙。

除非必要，否則絕對不要太早回覆。「速讀速回」不一定比較受歡迎。

以女性而言，收到喜歡的男生頻繁發送過來的訊息會很開心，若是來自關係不深的人則會覺得困擾。

運用「鏡射」技巧，配合對方的行為和節奏，對方就會將你視為價值觀一樣的同類。

還有另一個技巧：

如果兩人原本頻繁地互發訊息，請刻意停止回覆。

五天以內，對方一定會傳來「怎麼了？」的訊息。

這段時間，對方必定時時刻刻惦記著你，並且產生錯覺：

「為什麼我這麼想他？也許我喜歡上他了……」

POINT

秒讀秒回並非效率好，而是不經大腦思考。

讓對方知道，你想要的不只是朋友

在用餐時輕舔嘴唇給予暗示

不論做生意或談戀愛，必定會有一起用餐的機會。難得約了對方吃飯，如果飽餐一頓就各自回家，未免太可惜了。**人在進食時，是最沒有防備的狀態。**

美國心理學家詹尼斯（Irving Janis）進行過一項知名的「感覺很好」（feeling good）實驗，也稱為「花生與百事可樂研究」（peanuts and pepsi study）：他將大學生分成兩組，閱讀四個主題的論文，分別關於「癌症治療」、「美國軍隊規模」、「月球旅行」、「3D電影」。內容相當艱澀，即使平時習慣閱讀的人也會大感吃不消。

其中一組讓他們在閱讀時邊吃花生邊喝可樂，另一組閱讀時則沒有得到任何食物。

結果顯示，一邊閱讀一邊進食這組，對於文章的解讀較有善意。

因為人在吃東西時會得到快感。

也就是說，和喜歡的人一起用餐，能促使戀愛的嫩芽迅速成長。

接下來，才是技巧所在——

一邊吃飯，一邊聊天時，不經意地以舌頭輕舔嘴唇。這個動作能在對方潛意識裡植入性幻想。

不過，請注意不要做得太刻意，否則只會被當成奇怪的人。

POINT

藉食欲創造情欲，讓彼此由內而外感到滿足。

兩秒後才回答，表示他只想和你玩玩

以不經意的問題瞭解對方的心思

有些已婚人士會散發獨特的吸引力，令人意亂情迷。

姑且不論是否應該越過道德界線，如果你正和已婚者陷入不倫關係，有個提問技巧能讓你明白對方是否只想和你玩玩而已。

外遇的人常說：「我很快就會離婚，之後就能和你在一起了。」

但是，日後真的能在一起的例子非常少。

儘管心裡猜想對方或許沒有投入真心，卻不想聽到他親口說出來，自己也不想結束這段關係，陷入進退兩難的處境。

這種時候，你才更應該瞭解對方真正的想法。

建議你假裝不經意地說：

「我昨天去看了和你結婚時要穿的婚紗。」

仔細觀察對方的反應。

如果他僵硬了兩秒以上才開始說話，表示他打從一開始就不想和你認真談感情。

他若是一秒內說出：「喔～妳挑了哪一件？」這類很感興趣的內容，至少表示他對這段關係抱持正面態度。

許多心理實驗和論文研究分析了人在各種情況下的反應時間，證實**人們面對唐突且感到困擾的問題時，反應往往比較慢**。

POINT 若是對方不願投入，就盡早退出，別傷了自己。

禮不在貴，送禮送到心坎裡

適合對方的才是最好的

心理學家涉谷昌三先生曾在書裡提出一個實驗：

將遊戲籌碼交給實驗對象，結束之後可用這些籌碼兌換現金。遊戲途中，交給實驗對象追加的籌碼與一只裝了紙條的信封。

紙條內容有以下三種：

一、希望加上利息歸還（高義務條件）。

二、希望歸還相同數量的籌碼（同一條件）。

三、不用歸還（低義務條件）。

結果顯示，拿到第二種紙條的實驗對象，感受到最多善意。

拿到第三種紙條的實驗對象，等於收到一份免費禮物，然而比起覺得自己幸運，更多的是抱持警戒：「對方肯定別有用心。」

由此可見，贈送昂貴的禮物並不恰當。

送禮最好符合雙方的身分，最佳選擇是「手鐲」。

比起項鍊或戒指，手鐲戴起來最「有感」。

戴著手鐲，不論打字、吃飯、洗碗……隨時都會注意到它，當它與你的形象重疊，便成了能自動想起你的開關。

相當有效，請務必一試。

POINT

過度貴重的禮物，會使愛情顯得像是一場交易。

車比人乾淨？他有可能在劈腿或常外遇

從「車品」觀察對方人品

剛認識不久的兩人，為了在對方心裡留下好印象，大多會隱藏自己真實的一面，很難看出真正的個性。

如果對方有車，不妨仔細觀察。

首先是「開車的方式」。

人在開車等無法鬆懈的情況下，很難隱藏自己的本性。越是專注，真實個性越容易顯現。因此，根據開車時的表現，就能看出對方的個性。

譬如被其他車子硬切時，如果他啐了一口：「嘖！」可以推測他是容易變臉的人。另外，若是前方車子速度有點慢，他忍不住鳴按喇叭，嘴裡嘀咕抱怨，那他就是性急易怒的人。

試想，那輛車子可能載著嬰兒或老人，不宜開得過快。從他這種表現便可以看出他不擅長換位思考，只考慮到自己。

再來是「車內的環境」。

車內有汙垢，東西凌亂，可以推測他是邋遢、不善於整理的人。如果車內過於乾淨，禁止穿鞋或禁止飲食，也許他就是神經質、注意細節的人。

另外，**明明不是愛乾淨的人，唯有車內維持得一塵不染，那麼他很有可能正在劈腿或經常外遇**，或者有什麼特殊原因非得保持車內整潔不可。

坐進別人的車裡，請張大眼睛仔細看。

如果沒發現什麼特別令人在意的缺點，你的安全感也會倍增。

POINT

想要看見真實的一面，就觀察對方的酒品、牌品和車品。

夜間約會，草食動物也會變得大膽奔放

越暗的地方越有機會

兩個人可以輕鬆地談話，也常單獨出遊，然而不知為何就是無法突破「朋友以上戀人未滿」的關係。

隨著戀愛態度消極被動的「草食男」出現，令人心急難耐的關係增加了。如果真心喜歡對方，想要認真交往下去的話，就請留意以下幾項約會須知。

美國心理學家肯尼斯．格根（Kenneth J. Gergen）進行過一項實驗：將素未謀面的受試者分成兩組，每組一男一女待在房裡一個小時。第一組受試者的房間完全漆黑，第二組的房間光線明亮。結果，明亮房間裡的男女始終保持距離坐著，持續聊了一小時；待在陰暗房間裡的男女，則情不自禁地牽手、擁抱、撫摸。

想要和對方更進一步，就把約會的時間從白天改成晚上。約會的地點則應選在安靜的酒吧或餐廳，盡量待在光線較弱的地方。

要增加親密感，吧檯座位比一般餐桌座位更合適。一般餐桌座位通常是面對面坐著，根據心理學的「斯汀澤三原則」，和人交談時只要坐的位置不同，就會產生不同的心理反應，而面對面坐著會讓雙方有對立感。

已經在黑暗中約會了，對方卻遲鈍到不打算更進一步……這時不妨藉由一點肢體接觸，讓對方心跳加速。

如果無法接觸對方的身體，就雙手抱住自己的身體。根據英國動物行為學家德斯蒙德・莫利斯（Desmond Morris）的理論：「人會以身體表達自己希望對方做的事情。」

換言之，抱住自己身體的動作，就是暗示對方「抱我」的信號。不過，這是女性對男性才有效的技巧，各位男性請勿在女性面前抱著自己的身體。

POINT

人在暗處會有隱身的感覺，容易卸下心防，做出比較大膽的舉動。

多聽少說，讓遠距離變成零距離

避免「自我完結型」溝通

身體的距離堪比心靈的距離，遠距離戀愛很難維繫，想更用力拴住對方的心也是在所難免。

遠距離戀愛的雙方，只能藉由聲音來溝通。

由於缺少身體接觸，電話這個工具相形重要，必須依賴它傳遞彼此的情意，維繫雙方的感情。

講電話有一個很重要的原則：不要歸納對方所說的話，也不要提問。例如：

「……也就是這樣吧？」

「喂，你沒有在聽吧？」

歸納對方說的話，擅自下結論，在心理學上稱為「自我總結症候群」（self-summarizing syndrome）。

這種人的特徵是經常採取「自我完結型」（self-contained）的溝通，擅自為對話作結或提出疑問。**在看不見、摸不到的情況下，這類交談會讓人感到非常不愉快，進而排斥對話。**

身體原本就有距離，如果連心靈也遠離，這段遠距戀情根本無法維繫下去。

如果你現在談的正是遠距離戀愛，請確認一下自己是否習慣採取「自我完結型」的說話方式吧。

POINT

只要避開溝通地雷，偶爾講電話比天天見面還甜蜜！

愉快地和好，就能越吵越相愛

藉由「不一致」平息怒火

深入交往後，兩人難免會起爭執。

不過，有些情侶常因一點芝麻小事爭吵，遲遲不肯和好。儘管有個說法是「感情越吵越好」，然而吵得太過火也不行。

人在爭吵時會感到憤怒，會理性全失，只憑情緒行動。如果平時心裡累積了什麼不滿，也會趁此時怒火中燒，一口氣宣洩出來。

有個方法，能讓爭吵後的雙方感情更好。

模仿對方的動作與姿勢，試圖與對方協調，這個技巧稱為「一致」（matching）。**此處則要運用「不一致」（unmatching），也就是和對方的動作相反。**

你是否曾經和憤怒的對方做出相同的事，反而使爭執更加不可收拾呢？例如對方用力甩門，你也敲打牆壁發出巨大聲響；對方砸玻璃杯，你也摔盤子還以顏色。

這是因為吵架時雙方無意識產生了「動作鏡射」。

「不一致」則是反其道而行，採取和對方相反的行動。

對方用力甩門時，你走過去，靜靜地開門；對方砸玻璃杯時，你蹲下來，靜靜地撿拾玻璃碎片。

如此一來，對方會覺得自己的憤怒很愚蠢，怒氣很快就會平息下來。

即使他仍處於憤怒狀態，但是一看到冷靜承受的你，心中將充滿愧疚之意。

不過請注意，這個技巧只適用於因小事而起的爭執。此外，如果吵架的原因出在你身上，對方也不會覺得愧疚。

POINT

冷靜是最好的反應，不要和對方一起生氣。

以簡單的請求，接近難追的她

多說「拜託」慢慢誘導

你曾迷戀過酒店小姐嗎？

想要和她們交往，必須花費大量時間與金錢。即使盡了一切努力，也不見得能夠建立信任關係。畢竟對方閱人無數，也是操控人心的情場高手，總能和任何人維持一段微妙的距離。

那麼，可以使用什麼方法呢？

有一個很簡單的誘導技巧：激發母性本能。

「拜託啦，讓我送你一份禮物。」

「拜託啦，下次一起去吃飯。」

「拜託啦，下次一起去看電影。」

「拜託啦，下次休假跟我約會。」

「拜託啦，親我一下。」

雖然感覺很不正經，但是要像這樣從簡單的請求慢慢地逼近核心。

一建立起信賴關係，對方將會以看著孩子般的眼神看待你的請求。

刺激母性本能，循序漸進，逐一累積肯定的答覆。

可以送禮的話，下次就約吃飯。被拒絕也不要放棄，直到她點頭答應為止。

如果她願意了，下次再約去看電影。如此逐一達成，步步逼近核心。

使用這個方法，最後幾乎都能達成目標，試試看吧。

POINT

愛你就想照顧你。反之，照顧久了也會不知不覺變成愛。

想接吻，就用右眼看著他

訴諸右腦的動物性本能

接吻是戀愛過程很重要的一步，也是第一道難關。只要信賴關係加深，自然會走到這一步。

想要促使它提早發生，可以運用以下這個與腦科學有關的技巧，直接傳達信號到對方的大腦，引導對方不自覺地想接吻。

訣竅在於，有意識地進行接吻前的無意識動作，具體步驟如下：

一、**用你的右眼看對方的右眼一・五秒**

二、**用你的右眼看對方的左眼一・五秒**

三、**用你的右眼看對方的嘴唇一・五秒**

也就是用你的右眼，模仿人在接吻時的無意識視線——順著對方的右眼、左眼、嘴唇，像畫三角形般移動視線。

約會時，**每隔三十分鐘重複一次**。

必須注意的是，一開始要用右眼看著對方的右眼，因為右眼與右腦連結。左腦掌管思考與邏輯，辨識文字與語言；右腦則掌管五感，辨識圖像與影像，可說是動物的腦。

換言之，藉由訴諸對方的五感與動物性本能，就能使他自然而然進入接吻模式。

POINT

什麼都別說，看著他，他就會主動吻你。

每句話都提到他，讓他再也離不開你

以「催眠話術」提高自我意像

日常生活中經常出現催眠狀態，也就是注意力集中的時候。

例如專心看電影時，你對電影就呈現催眠狀態（入迷）；專心看書時，對書也呈現催眠狀態。

舉世聞名、有「現代催眠之父」之稱的米爾頓・艾瑞克森（Milton Hyland Erickson），創造了「催眠話術」這個方法。現在NLP（神經語言程式學）也經常活用，聽過的人相信不在少數。

有一個技巧能輕易在對話中運用這項催眠法：在每一句話裡，把對方加進去。

「昨天我開車在路上，看到一輛超級酷炫的跑車。」

↓

「昨天我看到一輛跑車很適合你。」

「好大的房子。」

↓

「以後你會住在這種大房子裡吧。」

在每一句話裡加入對方，使他在無意識中提高自我意像（self-image），之後就會按照你的談話內容展開行動。

不只對話，寫信或簡訊等都很有效，請一定要試試。

繼續使用這個手法，對方將對你產生某種依賴感。你的話語成了他的活力來源，肯定再也離不開你。

POINT

時時為對方著想，讓他對你產生依賴感。

懷疑他偷吃？FBI教你這樣問

把事情反過來說一遍

劈腿是很常見的「背叛」行為，只要「一對一」的伴侶形式繼續存在，劈腿就不會消失。

既然要偷吃，不讓對方察覺也是一種禮貌。不過，只要稍加注意，就能發現「背叛者」留下了許多蛛絲馬跡。

在此傳授各位能輕易看穿對方是否劈腿的訣竅。當然，你可以選擇眼不見為淨，繼續維持下去；也可以立刻分手，展開全新的戀情。

假如你有所懷疑，就冷不防地問對方：

「昨天你做了什麼？」

早餐吃了什麼？上午去了哪裡？地點、移動方式是什麼？下午吃了什麼？去了哪裡？和誰見面？傍晚去了哪裡？做了哪些事？鉅細靡遺地問清楚。

對方一一回答後，請他把這些事情反過來再說一遍。

這時如果他語塞，或是無法完整倒述，就表示他剛才說了謊。

這是美國ＦＢＩ在盤問嫌犯時常用的手法，因為**人在說謊時會拚命地說出似是而非的話，描述得越具體，就越記不清楚自己說過什麼。**

因此，如果你懷疑對方劈腿，請用這招攤牌吧。

POINT

信任是愛情的基礎，懷疑是傷人的利器。

當愛情出了問題，務必冷靜以對

修補裂痕要用更多的愛

想讓對方停止外遇或劈腿，有個方法是「不要指責」。

這個做法能讓對方冷靜下來，讓他意識到如果繼續劈腿，很可能會失去你。不必開口說些什麼，對方自然感受得到。

劈腿的人，罪惡感通常很強烈。

指責、怒罵當然會讓他覺得自己很差勁，但是，他願意反省也就罷了，要是罪惡感太強烈，或許會惱羞成怒，把錯怪到別人身上。因為怪罪別人時，就不用責備自己。

這樣的人被責難時，通常會反駁：「都是你不好！」從此離你而去。**因為保持物理上的距離，能減輕心理上的罪惡感**。

想讓對方停止劈腿、重修舊好，請忍住痛苦，別指責對方，無論劈腿的原因是什麼。

還有一件該做的事：**給他滿滿的愛。**

如果希望他離開第三者，回歸家庭，請時時向他表達感謝。對於丈夫，不是以母親的角色，而是以女人的身分相待；對於妻子，也不是以父親的角色，而是以男人的身分相待。來一場只有夫妻兩人的約會，享受旅行，並且重視對方的心情。

伴侶因為不滿足而想劈腿的心，就由你來填滿。如此一來，對方將察覺失去你的嚴重性，轉而回到你身邊。

愛他，是最有效的方法。

POINT

爭吵不能解決問題，只會把他推得更遠。

愛要耐心等待仔細尋找，感覺很重要

從對方的興趣下手

越來越多人覺得自己不需要另一半。

如果你不巧愛上了這樣的人，該怎麼辦呢？

唯一的方法，就是接近對方。

想要拉近距離，就從對方的興趣下手——**對於對方的喜好，自己也要表示很有興趣**。

即使你對那個領域一竅不通，也可以這樣拜託對方：「雖然我完全不懂，但是因為你有興趣，所以我也想瞭解。請你教我。」由於是自己熟悉的喜好，他一定會很樂意教你。有了共同的興趣，在一起的時間自然也會增加。

順利接近對方之後，就要更有耐心，萬萬不可心急。

目前對方只是把你當成「興趣方面談得來的異性」，尚未進入戀愛的階段。

此時若是急於製造獨處機會，對方可能會退縮。

聽到對方說：「肚子餓了。」「我想去〇〇。」**可以順勢嘗試邀約，但是最好不要過於主動。**

有些情況得花上數年經營，不屈不撓。一旦對方慢慢意識到你身為異性的存在時，他就是你的囊中物了。

戀愛與結婚要看緣分，時機也很重要。「驀然回首，那人卻在燈火闌珊處」，時機到了，對方看待你的眼神就會改變。不要放棄，勇往直前吧！

POINT

感情可以培養，緣分不能強求。

第六章

突破極限！

Chapter 6

自 我 暗 示， 激 發 你 的 潛 在 能 力

減肥不成功，是因為急著量體重

以「思考停止法」排除負面想法

「好，我要從今天開始減肥，目標十公斤！」

儘管發下豪語，也努力了一、兩天，第三天卻忍不住替嘴饞找藉口：「吃一點而已，應該沒關係吧？」「反正生理期吃巧克力不會胖。」一再破戒，最終宣告減肥失敗。

每次都下定了決心要把某件事做好，卻老是因為意志力太薄弱，無法持續下去嗎？認為持之以恆難如登天的人，不妨嘗試「思考停止法」（thought stopping）。

世上沒有意志力薄弱的人。**事實上，意志力是我們親手擊潰的**。比方說決心要減重十公斤，才過了一星期，站上體重計時卻開始自我懷疑：「什麼嘛，才瘦了一公斤而已，這樣怎麼可能減十公斤啊……」

這種負面思考非常奇妙，一旦這麼想，便會開始對於自己的減肥計畫產生否定的念頭。想要拋開否定的念頭時，大腦會下達指令，告訴你不用再找藉口，導致減肥計畫中斷。

未達目標前就因現實狀況而產生了負面思考，是問題的根源。想要成功，中途最好不要出現否定的想法。

以減肥為例，所謂「思考停止法」就是訂出一個日期，在這段時間內不要去量體重。如果期限是三個月，那麼這九十天內就好好運動、節食，保持平常心，別動不動就站上體重計。總之，專心一志，以平常心貫徹到底。

很多人以為，不時量體重、觀察體重變化，是很好的動力。這就錯了！一旦量了體重，不僅會失去動機，反而會成為阻礙。

換個話題：想要早起該怎麼做呢？

——早點上床睡覺。

答案很簡單吧？重點在於，別去思考「無法早起」這件事，而是設法早點睡。

POINT 人生路上最大的絆腳石，往往是你自己。

不用拜拜，貴人運也能不求自來

藉由「深層自我說服」散發正面能量

有些人總是一帆風順。

不論遭遇什麼困難，總會有人適時伸出援手。在財務陷入困境時，會有金主給予援助；當工作遇到瓶頸時，也會有貴人為他解決。

對於這些幸運兒，大多數人不禁都會脫口而出：「他真是走運！」「運氣好到令人羨慕！」

同樣生而為人，為什麼命運卻有如此大的差距？

其實，運氣好的人，只是「覺得自己運氣很好」而已。

只要覺得自己運氣很好，運氣就真的會變好。聽起來很神奇吧？

說穿了，這是心理作用。

自認運氣很好，是一種「深層自我說服」（deep self-persuasion）。

與一般常見的「正向思考」（positive thinking）不同，「深層自我說服」指的是**遇到任何狀況都反覆說服自己：「沒問題。總會有辦法的。我一定能解決這個麻煩。」**

經常進行深層自我說服的人，臉部表情、說話內容會自然而然變得開朗，旁人聽了之後也會受到影響。

身邊的人對於散發正面能量的你有好印象，基於不想改變現狀的「恆溫器（thermometer）效應」，為了維持正面的狀態，在你遇到困難時便會積極出手相助。

相反地，如果經常說出負面消極的言論，旁人會漸漸遠離你，不想和你扯上關係，以免自己也變得負面消極。

對於負面的人，不會有人想要主動幫忙。願意陪伴的，大概只有心理師或身邊的親屬吧。

POINT 運氣不在廟裡，而是藏在你的想法裡。

要改變想法，就多多跟自己說好話

藉由語言的力量「自我催眠」

日本有「言靈」這個詞，古時候的人相信言語文字中有靈魂寄宿，具有不可小看的神奇力量。

現代人越來越看輕語言的力量，談到這個話題，必定會有人說：「這種超自然的事太奇怪了。」

事實上，它屬於心理學的範疇。

我們每天都藉由語言溝通，面對家人、朋友、同事、客戶，無一不需要交談。但是，別忘了：**最常聽你說話的人，其實是你自己**。會在無意識中聽進每一句話的，除了你別無他人。

請注意，此處使用了「無意識」這個詞——對方是有意識地聆聽，你卻是無意識地聽見。

無意識聽著你自己所說的話，效果和「催眠」相同。

催眠治療師布萊爾先生（Forbes Robbins Blair）說過，他曾為想戒菸的患者進行催眠，自己卻在不知不覺中也戒菸了。

研究後發現，原來是因為在治療過程中，他也無意識地聽進了用來催眠對方的話。這個契機使他後來創造出「自我催眠」（self hypnotism）的方法，建立了一套可以隨時催眠自己的體系。

想一下身邊的例子，就不難明白其中道理：父母講髒話，孩子就會講髒話；如果父母說話得體，孩子說話也不會失禮。

因此，我們必須注意自己說出口的話。

多說些正面積極、激勵人心、令人振奮的話。

反之，髒話、帶有負面情緒的話，絕對不要掛在嘴邊。

POINT

「美言一句三冬暖，惡語傷人六月寒。」心直，不必口快。

忘掉前任女（男）友，走出痛苦深淵

「改寫情緒」就能改變回憶

活在世上，隨時都有可能發生不愉快的事，失戀、背叛、生離死別……即使再怎麼有權有勢的人，也無法完全避免。

時間能解決一切，偏偏有些痛苦即使過得再久仍然感覺深刻。

理論上，除非喪失記憶，否則是無法消除記憶的。

當然，我們可以「改寫記憶」（rewriting memory）。

話雖如此，改寫記憶伴隨著相當大的風險。因此，在此要傳授各位的是「改寫回憶」的心理技巧。

想要改寫回憶，必須先區分記憶與回憶的不同。

「記憶」是直接以影像保存實際發生過的事，不帶任何情緒，就像用來保存電影的底片。

另一方面，「回憶」加入了情緒，無論是正面或負面，只要回想時，情緒必定伴隨著影像一起湧現。

換句話說，**想要改寫討厭的回憶，只要「改寫情緒」即可。**

腦中的影像雖然無法輕易改變，改變情緒卻很簡單。

首先，請想著討厭的回憶——是否感受到負面情緒了呢？

現在立刻想著開心的事，讓情緒變得正面。

像這樣重複十次，依附於討厭回憶的負面情緒就會消失。**只要情緒發生轉變，日後再想起那段回憶時，也不會再有負面的感覺，最後甚至不會再想起那段回憶。**

有些痛苦太深，重複十次也不見任何效果。但是這個方法仍然值得一試，多做幾次吧。

POINT 讓你走不出來的並非腦內的記憶，而是心裡的情緒。

不靠藥物，輕鬆戒除多年菸癮

大聲念出「宣言」戒除惡習

這個方法對於想要戒除某種惡習的人非常重要，以下用戒菸為例來說明。
近年來越來越多人尋求戒菸門診協助，也開始倚賴藥物戒菸。
要你立刻不再抽菸，是不可能做到的。越是忍耐，尼古丁戒斷症狀會越嚴重，絕對無法抑制焦躁感。
該怎麼做，才能不靠藥物成功戒菸呢？
最有效的方法是「宣言」（affirmation）。
宣言就是對自己宣誓。只需每天早晚宣讀誓言，除此之外，隨時想抽菸都可以，不需要忍耐。
宣言內容由自己來寫，例如：
「我是笨蛋。誤以為香菸可以讓我釋放緊張情緒的笨蛋。找各種藉口讓成癮性比毒品還高的香菸占據日常生活的笨蛋。每天特地花錢把毒素吸進體內，明明很清楚這一點，卻假裝不知道的笨蛋。依賴這種東西的笨蛋真是可悲。別人心裡都在想：『他無法擺脫菸癮，真是可憐。』我自己也明白，卻還是假裝不在乎，真是笨蛋。這樣下去永遠無法成為成功人士，因為成功人士不抽菸。我實在是個笨蛋。」

每天早晚都念出這段內容，抽菸時也大聲念。過了不久，你就會覺得自己很愚蠢，自然而然不再抽菸了。

這是催眠療法的技巧，等於是由想戒菸的人對自己進行催眠。**越容易受暗示的人，成功機率越高。**

POINT

沒有戒不掉的癮，只有戒不掉的藉口。

想要變得有自信，就假戲真作

靠「肢體語言」提振信心

「如果可以更有自信就好了……」

經常有人垂頭喪氣地這麼說，卻不知該怎麼做。如果每個人都擁有自信，這個世界一定會變得很不一樣吧。

擁有自信的人，是什麼樣的人呢？

以運動為例，或許比較容易理解：在拳擊場上，世界冠軍與練了三個月的初學者，誰比較有自信呢？

不用想也知道是前者，因為**自信與經驗值成正比。對於某項技能越有經驗，就越有自信**。

「照你這樣說，想要變得有自信，不就得花很久的時間……？」

其實，只要瞭解一個原則，就能充滿自信——

人在沮喪或雀躍時，肢體語言有很明顯的差異。沮喪的人垂肩低頭、彎腰駝背、萎靡不振，雀躍的人手臂大幅擺動、抬頭挺胸、聲音宏亮。當你沮喪時會蹦蹦跳跳的嗎？不會吧？那麼，蹦蹦跳跳地走路是什麼心情？應該是開心吧？隨著情緒不同，肢體的表現也會改變。

反過來說，**先讓身體呈現出自己想要的情緒，就能自由控制情緒。**

同理，想擁有自信，只要讓身體表現得有自信就可以了。抬頭挺胸，肩膀放鬆，站姿端正，目光直視前方，動作優雅，聲音宏亮。

習慣了這種姿勢，身邊的人就會認為你看起來很有自信。不知不覺中，你會真的越來越有信心。訣竅無他，就是持續下去，效果肯定令你大吃一驚。

POINT

肢體語言會受到情緒影響，情緒也會受到身體的控制。

拒看電視新聞，改善焦慮症狀

讓自己跳脫「不安螺旋」

「疫情蔓延得好快，世界要毀滅了……」

「最近地震好多。不知何時會發生大地震，晚上都睡不好……」

避開危險、追求安全是人類的本能，但是有些人卻過度反應。這個現象稱為「不安螺旋」（anxiety spiral）。

極度焦慮，一想到最近經常發生飛機墜毀事故，便異常地抗拒搭飛機；看了隨機殺人事件的報導，就時時刻刻以懷疑的眼神看待路上每一個陌生人……

假如你發現自己是個心情會隨新聞劇烈起伏的人，務必趁來得及之前矯正。因為若是對這種症狀置之不理，最終想法會變得非常消極，甚至會嚴重影響日常生活。

應該怎麼改善呢？

第一步就是**不要看太多新聞**。比起正面的消息，人們更愛打聽不幸的消息。雖然一方面覺得可憐，卻也潛藏了「幸災樂禍」的心理。這是人性的黑暗面，看到他人落入不幸之中，對於自己的現狀就能感到安心。這是天性，基本上很難改變。

新聞台需要收視率，沒有觀眾就沒有廣告收入。為了迎合觀眾口味，只好製播大量的犯罪、事故、災難等負面新聞。

換言之，「最近發生了好多糟糕的事」只是一種幻覺。世界各地每天都會發生各種事件，就看新聞台是否願意播報而已。拒看新聞，生活裡就不會充斥不幸的消息，不會因此惶惶不可終日。

我實際試過，即使不看新聞，生命也不會有什麼改變。只要不發生戰爭，日子還是照舊。

如果你時時感到不安，別再接收多餘的消息，立刻停止這種惡性循環。

POINT

焦慮狀態會導致大腦過度注意某些事情，影響其他正常功能。

手指緊握、緩緩吐氣，比鎮定劑更有效

以「安慰劑效應」消除緊張感

向客人推銷商品或是在會議上做簡報，這類場面難免令人感到緊張。有些人甚至由於過度緊張，導致失敗。

電視上的主播在播報即時新聞時，對著鏡頭仔細而流暢地讀稿，明明是緊張萬分的情況，卻絲毫看不出來。是不是有什麼祕訣呢？

歸根究柢，人為何會緊張？

感到緊張，正是我們超越當下自我的時刻。

稍微想一下就能明白，在家人好友面前說話並不緊張，在客戶廠商面前卻會緊張吧？就算說話內容相同，心情上卻一定有差別。

沒有人天生不會緊張。

新聞主播們內心也是緊張不已，只是沒有顯露出來而已。這正是專家與外行人的差異。

我們不是專家，就無法消除緊張感嗎？其實有一個心理技巧很好用，執行起來也很簡單：

覺得緊張時就深呼吸，用四根手指用力握住拇指，再平靜地吐氣，如此重複幾次就不會緊張了。

為什麼這個動作能舒緩緊張？事實上，握緊手指吐氣的動作與緊張感完全無關，而是它能產生消除緊張的「安慰劑效應」（placebo effect）。

重複多次的目的，是為了讓安慰劑效應更確實，將身體變成意識的開關。據說鈴木一朗獨特的打擊姿勢，也能使他冷靜下來。

雖然安慰劑效應是心理作用，只要相信，自然能發揮效果。

POINT

你的信念，是穩定情緒最有效的藥方。

繫上紅色領帶，看起來更有說服力

配合各種目的改變「顏色」

即使你沒有讀心術，只要稍微改變外表，就能依照你想要的控制對方。毋須任何技術，就能輕鬆展開行動，方法很簡單：

運用身上衣物的顏色。

必須注意的是，並非以全身衣著作為目標色，而是凸顯配戴的「重點」。重點最能在無意識中給予暗示。

建議男性用領帶，女性用圍巾。

應該配什麼顏色呢？

首先在職場上，例如做簡報時，應該配上**對方容易被你說服的紅色**。美國總統演說或選舉造勢等場面，幾乎都繫上紅色領帶就是最有力的證據。

想要留下良好的第一印象，就配上**能令人感到穩定與協調的綠色**。

想要說服別人，配上藍色的話容易導致失敗。因為**藍色令人想到沉靜與抑制，欠缺打動對方內心的力量**。

雖然前面以職場為例，但戀愛也完全相同。

想求婚時就用紅色。

和對方吵架後想求和就用藍色。

想快樂出遊時配上綠色。

練習配合當下的情境，改變身上的色彩吧。

POINT

選對顏色，可以讓你魅力四射！

打破思考侷限，讓想像力無限延伸

以「整全觀點」拓展可能性

所謂「整全觀點」（holistic perspective），意指全方位的整體觀點。具備這種觀點，能讓我們經常發現新事物。

客觀觀點是有侷限的，整全觀點則能擴及至無限，帶領我們前往新世界。

這是舉世聞名的發明家幾乎都具備的能力，如果你想讓自己的思考無限延伸，就必須朝這個方向訓練。

怎麼做呢？

假設有個對你而言很重要的人在眼前跌倒了。你立刻衝上前去，查看對方的手，掌心正滲出血來。看了之後，你感受到相同的痛楚（當然不是肉體的疼痛，而是心痛），換言之，對方與你之間的界線消失了，當你們彼此共同感受疼痛，正是以整全觀點看待事情。

不限於人對人。比方說你很珍惜的盤子，即將從某人手中滑落、摔破的那一瞬間，儘管它是物體，你也會拋下一切，阻止盤子掉落。這時，你與盤子之間便沒有界線。

具備這種觀點，將能掌控我們的思考。

例如當我們訂下目標，正朝著目的地邁進，事情總是不可能盡如人意，一定會碰上麻煩。**如果你具備整全觀點，就能看見麻煩背後的美好成果，可以想像解決之後的圓滿。**

如此一來，你便能以穩定的心態處理一切。在旁人看來，你就是既沉穩又能幹的人。

改變觀點，就能消除界線。

意識到這點，你將擁有全然不同的人生。

POINT
突破固有的思考習慣，學會變通，一切事物都有無限的可能。

後記

如果對方看起來像蛇，表示你就是一條蛇

感謝您讀完本書。

許多人光是聽到心理技巧，尤其是讀心術（解讀、操控人心的方法），就會提高警覺，有所防備。原因很簡單：不瞭解心理技巧的真面目。明明是強大的溝通方式，卻被視為「洗腦」、「思想控制」。

對於不理解的事物，我們總是心懷畏懼。這是古今中外始終不變的人類心理。但是，只要明白心理技巧的原理，探究何謂操控人心時，就會發覺它並不可怕，而是串連人心、達到真正「和平」的工具。

具備強大的溝通能力，能使對方敞開心房，願意並肩同行。

不過，它確實是一把雙面刃，根據不同目的，能引導人往好的一面，也能欺瞞人。確實有很多騙子為了利益而操弄人心，濫用這些技巧。

我很喜歡《賭博默示錄》這部漫畫作品。其中有一幕，主角開司以一句「如果我看起來像蛇，這表示你就是條蛇」駁倒宿敵。

本書傳授的內容，如果你往不好的方面想：「這可以用來騙他！」「可以用來勾引女人！」表示你很有可能濫用這些技巧。

反之，若你思考正面的用途：「可以引導對方。」「這麼做或許他會很高興。」你一定能靠這些技巧讓許多人開心。

結果如何，終究得看使用者的「器量」。請引導眾人，一起往好的方向前進。

此書出版承蒙許多人協助：若是沒和企畫岩谷洋昌先生相遇，本書將無緣問世。「一般社團法人日本讀心術協會」理事白戶三四郎先生、岸正龍先生、**Magician Live** 先生都提供了莫大的協助；協會認定講師幕後策畫者首席古田朋子小姐、河村有利先生、大久保雅士先生、遠塚慎吾先生、下垣直哉先生、大嶋一平先生也給予許多讀心術方面的意見。向 **SB Creative** 的編輯吉尾太一先生、坂口惣一先生致上由衷的謝意。最後要感謝我的太太美奈，若沒有她的支持，在這段期間獨力照顧兒子，我勢必無法專心寫書。

如果本書能成為改變你人生的契機，將是筆者最大的喜悅。

一起來　思 001

從沒人理你，到人人挺你！
巧妙操控 97% 人心的暗黑心理學

87 個實用技巧，讓你看穿真相，秒懂人心

97% の人を上手に操る ヤバい心理術

作　　者　小羅密歐・羅德里格斯（Romeo Rodriguez, Jr.）
譯　　者　蘇聖翔、高詹燦
責任編輯　周書宇
封面設計　張天薪
總 編 輯　陳旭華
電　　郵　steve@bookrep.com.tw
社　　長　郭重興
發行人兼出版總監　曾大福

出　　版　一起來出版
發　　行　遠足文化事業股份有限公司
23141 新北市新店區民權路 108-2 號 9 樓
電話 02-2218-1417
傳真 02-8667-1851
郵撥帳號 19504465
戶　　名　遠足文化事業股份有限公司

法律顧問　華洋法律事務所 蘇文生律師
製版印刷　成陽印刷股份有限公司
二版一刷　2018 年 8 月
定　　價　330 元

國家圖書館出版品預行編目 (CIP) 資料

巧妙操控 97% 人心的暗黑心理學 / 小羅密歐. 羅德里格斯作 ; 蘇聖翔, 高詹燦譯 . -- 二版 . -- 新北市 : 一起來出版 : 遠足文化發行 , 2018.08
面 ;　公分 . -- (一起來思 ; 1)
譯自 : 97% の人を上手に操るヤバい心理術
ISBN 978-986-95596-9-0(平裝)

1. 應用心理學 2. 人際關係 3. 讀心術

177　　　107009233